本著作系 2013 年山东省教育厅人文社会科学研究项目成果之一（项目编号：J13WH22，项目名称：山东省外向型企业商务英语人才模式的实证研究）

新时代商务英语教学理论与实践研究

孔宪遂　著

吉林出版集团股份有限公司
全国百佳图书出版单位

图书在版编目（CIP）数据

新时代商务英语教学理论与实践研究 / 孔宪遂著.
--长春：吉林出版集团股份有限公司，2021.12
ISBN 978-7-5731-1324-5

Ⅰ.①新… Ⅱ.①孔… Ⅲ.①商务—英语—教学研究
Ⅳ.①F7

中国版本图书馆CIP数据核字(2022)第274473号

新时代商务英语教学理论与实践研究
XIN SHIDAI SHANGWU YINGYU JIAOXUE LILUN YU SHIJIAN YANJIU

作　　者 / 孔宪遂　著

出 版 人 / 吴　强
责任编辑 / 张西琳　李　响
封面设计 / 王　斌
开　　本 / 710mm×1000mm　　1/16
字　　数 / 110千字
印　　张 / 8
印　　数 / 1-500 册
版　　次 / 2022年6月第1版
印　　次 / 2022年6月第1次印刷
出　　版 / 吉林出版集团股份有限公司
发　　行 / 吉林音像出版社有限责任公司
地　　址 / 长春市福祉大路5788号出版大厦A座13层
电　　话 / 0431-81629679
印　　刷 / 三河市嵩川印刷有限公司

ISBN 978-7-5731-1324-5　　　　定价 / 78.00元

前　言

当前，我国的国际交流活动涉及贸易、运输、基建、金融、电商、能源、旅游、法律、科技、文化等合作领域，因此，培养"专业知识＋外语技能＋文化素养"的复合型人才是外语教育顺应时代发展的必然趋势。而随着"一带一路"倡议的提出，我国的经济与文化发展都进入了新的阶段。建立世界范围内的合作共赢互助体系，成为全球未来发展的目标，因此，国际化商业人才的培养也成了当今时代的迫切需求，新型商务英语人才成为新时代和各大企业的"新宠"。如何培养出真正国际化、复合性、应用性的人才，是摆在高校商务英语专业教师面前的一大挑战。高校商务英语专业是培养专业人才的摇篮，为了推动国家化商业体系的建设，需要结合当前的时代背景、经济发展趋势、人才需求等，探索高校商务英语教学的创新，推动商务英语人才培养的可持续发展。

全书共分为五章。第一章主要是对商务英语的相关概念、特征，以及商务英语专业的学科建设问题的研究。第二章主要介绍了商务英语的起源与发展历程，分析了语言经济学对商务英语发展产生的影响，梳理了我国高校商务英语专业的教学现状及存在的突出问题，并对商务英语教学的未来发展趋势进行了展望。第三章主要介绍的是商务英语教学改革与创新的理论基础，如图式理论、ESP 理论、建构主义理论和人本主义理论。第四章主要介绍了在新时代背景下创新高校商务英语教学模式的内容，包括商务英语教学应坚持的基本原则，商务英语教学模式的研究分析。第五章主要介绍的是商务英语教学体系的基本情况，包括商务英语教学方法、教学实践及教学评价方法的改革与创新。

本书对商务英语教学理论与实践问题进行系统的研究，对培养和提高大学生从事各种商务活动的英语商务交际能力大有裨益，可以作为新时期高校商务英语专业教学的教材。同时，作者在撰写本书的过程中，得到了许多专家学者的帮助和指导，参考了大量的学术文献，在此表示真诚的感谢。本书内容全面，论述条理清晰、深入浅出，但囿于写作水平有限，书中难免会有疏漏之处，希望广大同行和商务英语教育专家及时指正。

目　录

第一章　商务英语概述

随着社会对跨文化交际的商务型人才的需求日益增强，为了顺应社会对人才的需求，教育部于 2007 年批准商务英语为高校本科目录外专业，我国目前已有 700 多所院校开设商务英语专业或课程。从社会对国内高校商务英语专业毕业生的需求来看，商务英语专业一直是就业率最高的专业之一。但是世界经济开放和我国经济开放程度的日益扩大，使得对商务英语专业人才的需求快速增长，同时对高校输出的商务英语人才的质量也提出更高的要求。在国家大力发展职业教育的大背景下，应结合高等院校的办学特点，改革传统的教学模式和人才培养模式，来适应社会对商务英语专业人才不断提出高要求的变化。每门学科通常都有自己一系列的科学概念，商务英语学科也不例外。整个商务英语学科需要一些基本概念来支撑。本章主要围绕商务英语的内涵、特征及学科建设问题进行简要的概括和论述。

第一节　商务英语内涵

一、商务英语的概念

商务英语和商务英语教学是一对相关联的概念，两者之间既有联系，又有区别。在出现"商务英语教学"的概念之前，国内外许多专家和学者很早就开始对"商务英语"进行研究，并且大量使用了"商务英语"这个概念。许多年来，国内外的学者专家针对商务英语的界定与定义，进行过很多研究与激烈的辩论，但至今都没有一个确切的定义。学者大都认同商务英语在专门用途英语（English for special purposes，ESP）中的分支地位，同时肯定其在特定语境中需要用到交际能力和其他能力。我们不能一味地认为商务英语是简单的商务与英语在量上的叠加，只注重数量的运用，因为它是以商业活动为主要内容进行的、以英语为基础的活动。在全球化的趋势下，商务英语涉及很多方面，包括英语知识与技能的学习、过程与方法的运用、情感态度与价值观的体会。商务英语具有自身的性质，是不同于其他任何专业英语的存在。在我国高校，商务英语作为以一般商务用途英语为基础发展起来的综合性交叉学科，正处于向专业规范化和学位授予弹性化发展的势头之中。

对商务英语内涵的研究较为丰富。概括来说，商务英语概念在实际使用中归纳起来，主要有四种不同的层次：（1）应用英语的一种，属于 ESP 的一个分支；（2）商务英语课程；（3）商务英语学科；（4）商务英语专业。

二、商务英语教学的概念

商务英语教学是教育者根据国家社会经济发展、国际商务相关岗位对商务英语人才的需求，对受教育者实施的有目的、有计划的关于商务英语学科的各种层次、各种类型的教学活动。

学习者学习商务英语，往往出于借助相关课程深造或满足工作需求的目的。开展商务英语教学，要加强对词汇特征、语句特征及篇章修辞特征的研究，围绕语言学习主体，即学生的需求，进行课程设计与开发。目前的商务英语专业旨在帮助学生提升个人素养，培养探究精神、创新意识及批判性思维，开阔国际视野，提高解决问题和人际交往的能力，培育职业精神，履行社会责任等；专业学习着重引导学生培养良好的学习态度和认知能力，树立学习风格意识，提升高端思维能力、学习评价能力、学习策略能力、深度学习能力、整合性学习能力、自主学习能力及学术沟通能力；专业知识与技能主要包括应用语言学基础及语言问题知识、商务知识概念体系、跨文化知识与理解、决策能力、领导能力、团队协作能力、项目管理能力、数字与信息技术能力及专业话语实践能力。这些目标和内容充分体现了商务英语专业的社会价值。

第二节　商务英语特征

一、目的性、真实性和具体性

商务英语是专门用途英语,具有很强的目的性,它的宗旨就是要促进商务交际,达成商务目的,如谈判、合同签订、发运、付款或货款回收等,因此所使用的语言要具有客观性和真实性,让双方在客观判断的基础上,做出自己的选择。

例:I write to thank you for your letter of August 18th for the samples of cotton underwear you very kindly sent me.

分析:这里特别指出的是 8 月 18 日的信函,具有准确性,而不是笼统地说"I write to thank you for your letter for ...",而且也具有客观性,为以后进行国际贸易提供了书面依据。

二、得体性和礼貌性

在国际商务中,双方本着真诚、友好、互相理解的精神进行合作。双方在维护本方利益的同时,也要照顾对方的利益。"双赢"是双方进行合作的最终目的,在这样的社会语境下,客观上要求语言应具有一定的礼貌性和得体性。

例:At the moment, we are particularly interest in bicycles and we would appreciate very much if you could send us your latest catalogues for these items, as well as price lists for the various lines and your terms on conditions of sales.

分析:在本例句中,采用了虚拟语气使得语言表达更为婉转和得体。接收方看到此信后,就会更愿意为写信人做这样的工作,这样可以更好地促进彼此之间的关系。

三、词汇特点

第一,派生能力强。商务英语有特别强的派生能力,某些词汇的搭配层出不穷。如 free 可以和许多词搭配构成具有国际商务意义的短语:free goods(免税进口货物)、free loan(无息贷款)、free on board(离岸价格)、free time(免费使用期)、free trial(免费使用)等。又如 short:short bill(短期汇票,指见票不超过 10 天的汇票）、short delivery（货物短缺）、short landing（短卸）、short sale（卖空交易）、short time working（短时开工）等，商务英语中有许多类似的例子。

第二，词汇具有较强的专业性。同一个单词，其在商务英语中的使用范围与释义和在通识英语中有明显的差异，一些词在使用时还会发生词性与语义的变化，如单词 cost 在日常使用时多用作动词，但在商务英语中多用作名词，翻译为"成本"，是具有特定概念的术语。另外，商务词汇的具体使用体现了同一个单词在不同话题中的含义差别较大的特点。如 endorsement，虽然翻译成"背书"（背书是指持票人为将票据权利转让给他人，或者将一定的票据权利授予他人行使，而在票据背面或者粘单上记载有关事项并签章的行为），但是在广告这一类别下，其含义会被理解为"代言"，因而有 celebrity endorsement（名人代言）的常见搭配。

除此之外，商务英语的用词还应清晰严谨，不宜出现含糊不清的语言。商务英语的表述以事实为依据，避免使用夸大的语言，如"Sell all kinds of goods."，而是将其具体化为"Sell sundry goods such as toys, buttons and stationery."。

四、语篇结构特点

首先，商务英语的语篇遵循简明原则，使用最简洁的语言来表达信息，避免出现不必要的修饰语，如在信函中不会使用"We wish to acknowledge receipt of your letter..."而使用"We appreciate your letter..."；对于信息内容要做具体性的描述，通常使用具体的数据和具有明确描述性质的语言进行叙述，类似 full of functions 的表述在描述产品信息时就是不可取的，因为含义过于宽泛，不能明确指出该产品具备什么样的功能。因此，应针对描述对象做具体描述，如"It can deliver superb FM/MW/LW/SW1/SW2/FM stereo band reception. Full auto-stop and automatic quick program search (AQPS system)."，通过这样的描述，听话人可以对该产品的功能有清晰地了解。在句子的构成方面，商务英语中的句子充分利用独立主格结构、非谓语动词、同位语及从句等，较为复杂，信息量大，甚至一句话就可以独立成段。例如，"He describes it as one part of the 'three-legged stool' which lies behind N's phenomenal growth since the early 1980s, with the other two being product design and advertising."。商务英语在语篇结构上还具有逻辑性强、段落清晰的特点，在分段上体现出明显的结构特征。

其次，在商务英语篇章中，标点符号的使用也比较丰富，常见的有"："和"；"。例如，"He had built N's expansion into sport after sport from its athletics roots on the back of sporting masters: Carl Lewis on the track; tennis's Jimmy Connors and John McEnroe; Tiger Woods, who led 'N' into golf; Ronaldo and the Brazilian national football team; and the basketball star, Michael Jordan who famously rescued the company."。

最后，商务英语在简练地表达中也体现了礼貌和委婉，要求说话人在交流过程中多站在听话人的角度来考虑和选择合适的表达方式，经常使用 appreciate、"look forward to..." 等词和词组。例如，"The enclosed booklet contains details of all our refrigerators and will enable you to make a suitable selection. We look forward to receiving your specific inquiry with keen interest."。

五、简洁性

在商务活动中，交际双方讲究的是时间和效率，简洁有效地交流必将成为商务活动的主旋律。双方都尽量措辞简洁严谨，语气温和。因此商务文本应突出目的性，语言精练客观、清晰明了，注重说明和解决问题。

为了节省时间、提高效率，商务英语中经常会出现国际贸易专用的缩略词，如 FOB（Free on Board）离岸价格、CIF（Cost, Insurance and Freight）到岸价格、B/L（Bill of Lading）提单、WTO（World Trade Organization）世界贸易组织、WPA（With Particular Average）水渍险、FPA（Free from Particular Average）平安险等。

六、缩略词语多

缩略语是随着语言使用的便利化而出现的。使用缩略语能够避免语言烦琐的现象。随着社会和科技的迅猛发展，到了 21 世纪的今天，我们所做的一切都非常讲究工作效率。从商者都讲究效率，而要提高工作效率首先就要有时间观念。"时间就是金钱 / 效率"永远不会过时。正因为如此，商务英语中出现许多缩略语就不足为奇了。缩略词语比原来的形式更简洁、精练，很受人们的欢迎。缩略语非常便于记忆，使用起来也非常方便，这些缩略语通常是带有行业特征的英语。如 4PS（营销组合）、CWO（订货付现）、R&D（研究开发）、ICC（国际商会）。

第三节　商务英语学科建设

一、商务英语学科的内涵

学科是知识领域的分类。现代学科指需要予以学习和应用的知识，是针对知识学习的行为规范体系。自然科学、社会科学和人文科学是对学科进行分类的三大范畴。学科之间是有界限的，这是由于每个学科都是对客观世界和主观世界的某个特定范围的现象进行的研究。同时，学科之间存在着相互交叉的基础。交叉学科是学科发展的必然结果，往往是某一学科的成员主动突破本学科的既定范围，研究本学科以外的现象。学科之间交叉的部分是有关学科的共有范围，构成交叉学科的研究领域。

商务英语是商用学科、英语学科和商务学科交叉而成的，英语学科学员将英语应用于商务活动和交流中，旨在成为商务英语复合型人才。虽然商务英语是综合商务学科和英语学科建立的，但单纯地从商务学科角度研究商务英语，其内容也有很多重要部分，如英语的经济学研究，所以商务英语学科的重点不像经济学那样是研究商务世界的规律，而是研究英语在商务活动和范畴内的作用。从根本上分析，商务英语应归属于英语学科之下，它是英语学科之下的一个重要的交叉型应用学科。综上所述，商务英语是一门综合性、交叉学科，是以英语在商务环境中的应用为媒介，涉及经济、商务、管理等多学科内容的一门新兴学科，同时也是英语语言与国际商务的完美融合，即学科之间相互结合的新学科。

二、商务英语学科的建设路径

回顾历史，教育部于 2007 年批准开设商务英语专业，我国最早设立商务英语专业的高校是对外经济贸易大学。2012 年，教育部认定商务英语是独立的专业，商务英语跻身于与英语、翻译平行的三大英语类专业行列。2014 年，教育部出台了《高等学校商务英语专业本科教学质量国家标准》（简称"新国标"），奠定了国内商务英语新增专业学科建设基础，明确了商务英语专业的规范、标准，为商务英语本科专业准入、建设和评价提供了科学依据。

我国已经开展了十几年的商务英语教学与研究工作，但在学科建设的过程中还存在较多问题，还未形成一个完整的体系。目前，在我国商务英语教学存在的诸多问题中，较为重要的一个是学校培养的商务英语专业人才，不能达到社会实际需求的高水平商务专业人才标准要求，还不能完全胜任国际商务活动，活动中出现的很多问题还都无法全部解决。除上述问题以外，对商务英语理论和应用的研究需要进一步深化，商务英语所研究的内容也需要有明确的规范和认识。因此，目前商务英语迫切需要解决的问题是理论上的认识问题，只有很好地解决这个问题，商务英语建设才能发展；只有对商务英语必须有明确的定位，才能使商务英语学科建设发展，提升商务英语建设高度。

针对国内目前商务英语专业学科建设存在的不同模式的困境和不足，笔者提出以下创新模式的改革方案。

（一）修订完善现有的专业人才培养方案

教育部高教司针对人才发展制定了新的《高等学校英语专业教学大纲》，其中规定了"复合型英语人才"培养的明确目标。各类院校因地制宜地制定了符合本地区经济发展需求的人才培养模式。注重英语与商务的有机交叉，培养学生掌握国际金融、国际贸易、市场营销、商务谈判和沟通等学科的基本理论和基础知识。国内有些院校提出以市场需求为导向的人才培养模式，还有部分院校提出以语言文学为基础、商务技能为特色的人才培养模式。首先，适当调整某些与商务英语专业学科建设关系不太紧密的课程（语言学、中国文化概要等），增加部分当下有利于商务英语专业建设的课程（国际贸易实务、经济法导论、国际商法等），扩大专业学生的知识面，增加专业学生知识的厚度和宽度，提高学生未来就业的竞争力。其次，适当减少商务英语专业课程中部分理论课的授课时数，增加实训和实践部分的课时。对于国际贸易实务、国际贸易单证、商务英语谈判等操作性强的课程，修订后理论学习课时得到适当的压缩，商务英语专业的学生在学院实训室，利用 3D 仿真软件进行人机练习的课时适度增加。最主要的是学生不再只是在课堂上聆听枯燥的理论讲解，取而代之的是充满现实感的实际运用和实务操作。

（二）改革拓展现有的专业课程体系

原有的商务英语专业的课程体系已经不能适应"十四五"期间社会经济发展对人才需求的形势，改革和拓展后的商务英语专业的课程体系以注重培养学生的创新精神、创业意识与创新创业能力为导向，改进电子商务等实操特点强的相关课程的教学模式，实行大学一、二年级开设英语专业基础课程，三年级重点开设商务英语骨干课程，并开设创新创业需求的基础和骨干课程、选修课程及实训课程，满足学生对各种专业知识的需求。

具体来说，基础英语、高级英语、英语语音、英语语法、英语听力、英语口语、英语国家概况等课程的课时，依据学生的实际水平可以适度地减少。对于商务英语专业性比较强的课程，如剑桥商务英语、商务英语口译、商务英语阅读、商务英语谈判、商务英语写作、国际贸易实务英语、国际商法导论、商务英语翻译、国际贸易单证、经济法导论等课程适度地增加学时，改善学生面对新形势时商务英语专业知识体系不足的状况。商务英语谈判、国际贸易实务英语、国际商法导论、国际贸易单证、经济法导论等课程，其实最终都服务于省内外跨境电商工作。针对当下社会经济发展中跨境电子商务业务量逐年增大的市场情况，电子商务课程体系的完整建构尤为重要。项目改革拟以专业选修课的模式建设电子商务专业所需的运营、营销、设计、客服、物流五大工作岗位，根据所需职业能力设计专业主干课程体系。开设网络营销与项目策划、网站运营与信息决策、商务沟通、客户关系管理（customer relationship management，CRM）、网站设计、摄影技术、电子商务物流与仓储、企业资源计划（enterprise resource planning，ERP）实务等主干业务课程，同时开设运营管理专项实训、客服管理专项实训、网站管理专项实训、电商物流专项实训四大模拟业务实训课程，弥补原有课程体系的不足。另外，电子商务的部分实践课程尝试采用课程外包的方式，具体以邀请外贸公司或外向型企业中的业务导师或业界名师开讲座的形式，实现电子商务与外向型企业人才需求的直接对接。

（三）商务英语专业教师的合理配置

传统意义上的英语教师是通用英语领域的教师，是大而全的、多功能化的。商务英语专业教师需要具有学科前沿性知识储备和必备的专业技能。由此，教师可以细分为语言类教师、商务类教师和实践类教师三种。从长远发展来看，每位商务英语专业的教师都应立志于成为本领域的专家，完成从通用英语领域的教师到商务英语领域的商科教师和语言类教师的转型。专家型的教学需要专业化的师资队伍，师资转型的定位需要朝着职业化方向发展。

首先，从语言类教师向商务类教师转型。这类教师的特点是英语运用能力强，商科知识贫乏和薄弱，对经管学科的认可度不高。其次，国内科班出身的商务类教师的转型。这类教师具备扎实的商科基础理论，但用英语授课和交流的能力有限。再次，海归商务类教师的转型问题也很突出，他们了解国外商务前沿，英语口语表达流利，但是缺乏对本土情况的认识。最后，从企业转行到高校的商务类教师具有丰富的商科知识与实战经验，但缺乏恰当的教学方式。

（四）学习评价模式的创新改革

商务英语专业学科建设的创新模式研究项目拟采用定量评价和定性评价的研究方法，《外语教学定量研究方法及数据分析》指出，定量研究是一种基于量化数据或数值型数据的研究，定量研究需要运用数理统计方法，具有系统性、逻辑性、可及性、可重复性、简约性等方面的特征。这说明在商务英语专业学科建设的创新模式研究项目实施过程中，要注意数据的采集和分析，并做出合理的解析才能得出恰当的结论。

此外，项目采用个人评价与小组评价、形成性评价与终结性评价、自我评价与他人评价、业界导师与任课教师评价相结合的模式，针对项目的建设和实施开展多维度、多元化评价体系，确保项目建设的方向性和有效性。项目实施的主要依据是评价中一致性的建构情况。一致性建构对教师有明确的要求，他们必须参与能够影响学生学习效果的活动。这一原则要求教学、评价、课程及学习策略具备高度一致性，彼此之间相互制约、相互支持、共同达成目标。

（五）教育资源模式的创新利用和发展

积极拓展商务英语专业课程所必需的外围教育资源，如加大专业教材的编写力度，借助高等教育出版社出版一部适合商务英语专业部分课程需要的教材，在满足专业课程建设需要的同时，扩大学院科学办学的影响力。

三、商务英语学科的最终归宿

对于商务英语学科目前还是从商务学科和英语学科的交叉学科这个角度来认识。随着商务英语研究的深入和体系化，我们可以设想它最终会发展成为一门具有相对自主性的学科，即商务语言学。

黎运汉曾提出商务语言学的概念，认为它是"研究商业主体如何运用商务语言进行交际以实现商业目的的科学"。它是一门交叉学科，研究商务语用现象，揭示商务语用规律，阐明运用商务语用规律的原则，指导商务语用实践。这项研究从语言学科的角度来审视商务语言，认为语言在商务领域和活动中的使用是有特点的和规律性的；还讨论了商务语言的心理机制、文化积淀、语用原则、体态语言、礼貌和禁忌，商务活动中语言的使用、商务人士的语言使用及几种商务文体，从中我们已经能够看出一些商务语言学的轮廓。

这项研究对商务语言学的研究也有局限。商务语言学作为商务学科和语言学科的交叉，可以从两个学科的视角来观察和研究交叉的领域。除了语言的使用外，与之共生的商务行为也属于商务语言学研究的范围。另外，商务语言学还应该包括这个交叉学科的人才培养研究。

结合前面的分析，我们认为，体现商务英语学科研究对象的商务语言学内容包括：商务话语研究、商务行为研究及人才培养研究。

（一）商务话语研究

语言和商务的关系密切。首先，商务话语构建了商务世界，商务世界反过来选择了商务语言来作为自己的表达和行为工具。其次，商务世界是客观存在的，但人们对它的认识是通过语言使用开展的，也就是有一个用语言构建的世界，这个世界有一套自己的谈话方式和谈论的内容。

商务话语的研究涉及词汇、句法、语义、语篇层面的语用特征及互文性、话语杂糅性等方面的内容。

（二）商务行为研究

商务世界话语给参与人建立或预设各种角色，定位参与人的合法行为、言语及行为方式，限制某些参与人或授权某些参与人获得某些方式、内容。尽管有人的主观能动性，但目标、任务限制了主观能动性的发挥。

商务活动中的语言和行为是共生的。商务语言学对商务行为本身的研究是应有之文，同时也是研究语言使用的一个参照系。

（三）人才培养研究

商务语言不是自然而生的。我们讨论英语在商务领域和活动中的使用时多次强调，商务英语需要经过专门的学习才能掌握。商务世界具有自己的思维方式、行为惯例和话语。这正是专业人才要学习的，否则就不能进入和成为这个世界中的一个正式的、合格的成员。商务英语教学因此产生，也因此而存在和发展。

第二章　商务英语发展

本章主要介绍商务英语的起源与发展，阐述了语言经济学理论对商务英语教学的影响，然后分析了当前高校商务英语教学的现状，并对商务英语专业未来的发展方向进行了展望。

第一节　商务英语的起源与发展

一、商务英语的起源

（一）商务英语在国外的起源

相关英语教学证明商务英语早于 ESP 产生，因为有一本书记录了早在 15 世纪末英国为了与各贸易国家顺畅交流而编写的文章。早期的商务英语，只是将英语和其他语言对照翻译解释，以突出它的实用性，第一本学习书籍是由威廉·卡克斯顿（William Caxton）在 1483 年印刷而成。这本书采用了两种不同语言对照的形式，为商务需求提供了便捷地获取信息的方式，主要以日常打招呼、生活用语、家庭用语、买卖用语等对话内容为主。早期的学习书籍主要是以法语为主。因为当时商务活动最活跃的地方就是法国，商人意识到对客人了解得更多，尤其是通过学习他们的语言更能顺畅地交流，这样不但有利于自己的生意，还能进一步了解对方的需求。

文艺复兴时期，英语处于不断变化、不断与其他语言碰撞并发展的状态。16 世纪初期，英语和法语、意大利语、拉丁语成为文艺复兴时期必备的语言。1540 年出版的 7 国语言字典就是针对北欧国家的贸易用书，同一时期，法国人莫里哀编写的一本教材《论学习如何说法语和英语》就是英法双语对照的，该书清楚地解释了不同的商业语言表达。后来由于英国工业革命的兴起和近代资本主义的发展，英语逐渐取代了法语，在各国商业贸易中扮演着越来越重要的角色，同时掀起了学习英语的狂潮。商务英语也成了商业贸易和从事商业活动的必备语言。

二战期间，人类社会进入了一个前所未有的、大规模的、科技和经济的高速发展时期，人们学习英语的目的又发生了变化，学习英语的人数大增。这一时期英语语言学习的范围得到了空前的扩展，受当时环境影响，人们学习英语更加注重语言的实用性和目的性。由于人们对英语学习的要求不同，因此引发了英语学习方法和教学内容的改革，于是专门用途英语也就是 ESP 便应运而生。商务英语便是 ESP 的重要组成部分。在整个系统下不断地壮大发展，各国贸易越来越频繁，商务英语也在其中扮演着越来越重要的角色。

（二）商务英语在中国的起源

中国式的商务英语——洋泾浜英语（Chinese Pidgin English，CPE）。虽然中国 CPE 只是一种不规范的混合语或接触语，但却是商务英语在中国的最初的起源形式。郝德森指出："鉴于要求和其他社区的成员进行交流的原因常常是贸易，所以洋泾浜语可以看作是所谓的贸易语言。"在中国，CPE 正是作为一种贸易语言而产生的，"Pidgin English"最初表示的就是"Business English"，即最早在英国人和中国人之间使用的商业语言。

CPE 产生于 1699 年到 1747 年，先后经历了广州 / 广东英语和中国沿海英语等发展阶段。与世界上其他的洋泾浜语言多由西方人（多为传教士）先发明，然后传授给当地的使用者的过程不同，CPE 是由中国人发明，其教学也就具有浓厚的中国特色。由于英语和汉语巨大的差异，CPE 在产生之初就对中英贸易中使用的英语，以及少量掺杂其中的其他语言（如葡萄牙语等）的词汇、语音、语法等进行了改变和简化，使之更接近当地中国人的表达习惯，因而中国人学习 CPE 时，最主要的学习内容就是掌握有关的词语，记住这些词语后，再根据汉语的语法、语音说出 CPE 句子即可。又由于 CPE 是一种主要由中英贸易语言接触而形成的口头语言，始终没有书面形式，因此 CPE 的教学甚至根本不涉及英文，完全采用汉字的形式。这样的教学方式不仅在 CPE 广州英语时期被使用，而且也被后来的沿海英语如上海洋泾浜英语时期所采用，不过那时 CPE 词语的注音已由粤腔变成当地的吴调了。

从学术层面对 CPE 进行的系统研究从 19 世纪初以来一直在进行着。早期的研究主要以研究 CPE 词汇为主，研究者以西方人士居多。最早比较系统地记录研究 CPE 词汇的是马礼逊父子（Robert Morrison & John Robert Morrison），他们在各自的论著中，从语音、词汇、语法、词源等各方面，对 CPE 进行了较为具体的记录和解释，尤其是在儿子马儒翰的著作中，对词义的解释中已带有对洋泾浜英语的研究性质。此后，中国人对洋泾浜英语的特点也有所注意。如 1862 年唐廷枢出版了《英语集全》一书，这是一本大部头的辞书，也是当时教授正规英语最好的教材。此书附有详细的"切字论"和"读法"说明，并经常以 CPE 与正规英语做比较，说明两者之间的区别，这无形中向我们揭示了当时社会上所流行的 CPE 的形态。

虽然 CPE 只是一种很不规范的接触语，但与西方的佛兰卡语一样，是世界贸易初期特有的语言交流现象。CPE 的出现及其教学促进了近代早期中国对外贸易的开展，并催生了一个中国近代史上特有的买办和通事阶层，这一系列的原因也加速了 CPE 退出历史的舞台，迎来了另一个英语学习的繁荣时期。

中国的标准英语教育始于 19 世纪初西方在华开办的教会学校，但在早期很长的一段时间内，其影响力都不如功利的 CPE 学校。当时社会对功利地追逐使得这些教会学校也不能够免俗，如中国最早的教会学校马礼逊学校，由于受到财力和人力等方面的限制，一方面暂时携手，另一方面积极和当时的商业巨头协作以便获得他们的资助，自然也就肩负着为这些巨商培养和训练贸易通事的任务。不少学生在有了一定的英语水平后，立即被英国商人请去当翻译或买办而终止学习。为了迎合当时的社会对洋务商务人才的需求，一些教会学校改变了培养华人传教士的初衷，增设了一些实用课程，如前身为教会学校的"沪上有名书院"——英华书馆，学校的课程不但有英文，还增加了算学和司账等与商业有关的财务知识。这些短平快式的功利教育正反映了当时条约口岸城市在迅速发展过程中，外文和商业人才奇缺的现实，而大量语言学校和培训机构的出现，在一定程度上缓解了经济发展对商务人才急需的紧张局面，并对此后的中国教育和现代化进程产生了深远的影响。

到 1912 年前后，中国的近代教育格局初步形成，同时英语教育也得到了发展，当时有的商科学校甚至直接采用英美原版教材授课，但是这并没有改变英语教学与商科教学仍然是两个相互独立的学科且并未形成交叉的现实。学生所学的英语仍是通用英语，所学的其他各专业仍多是用汉语讲授，很难有机地融合。即使有的商科学校和专业采用原版英文教材用英文进行授课，但那也属于英语教学的范畴而非商务英语教学。

中华人民共和国于 20 世纪 50 年代初期创建了第一所贸易专业高等院校——

北京对外经贸学院(现为对外贸易大学),学校开设了一门"外贸函电"的特色课程,课本由一些从事外贸的老业务人员,根据实际工作中往来的业务函电编写而成,适应我国外贸业务,主要涉及货物贸易的各个环节,既作为公司培训的教材,也在外贸院校中使用。从 20 世纪 50 年代起,这门课程一直沿袭至今,课程的教材后来虽有不同程度的改编,但基本上大同小异,为中国对外贸易专业人才的培养作出了不可磨灭的贡献。20 世纪 70 年代,虽然有了另一门课——"外贸英语会话"与之搭配,但经贸英语仍只能作为对外经贸教育中的一两门课而"惨淡经营",直到 20 世纪 80 年代后期,商务英语在中国的教学与研究中渐渐形成一股热潮,人们对商务英语的认识也逐步跳出一两门所谓特色课程的开设,而进入了系统研究的学科阶段。

商务英语是世界各国贸易交流的产物,研究对象是贸易活动,是商务和英语的结合,是一种实用性的语言,尽管早期的商务英语不够规范和完善,但的确在各国商业贸易方面发挥了重要的作用,缓解了当时的语言沟通障碍,而且为后来的学科建立奠定了基础。不同的国家和地区对商务英语的教学和研究程度不同,发展的速度也不同。许多院校都开设了商务英语课程,如英国牛津大学、剑桥大学都向全世界推出了国际性商务考试;美国哈佛大学、斯坦福大学、伯利克大学也同样开设了课程;普林斯顿大学还成立了以商务英语为核心的国际交易英语考试中心;从 CPE 到标准英语的发展,在中国历经三百年,这一发展随着社会发展而进步,同国家对外交往程度和范围有着密不可分的关系。

二、商务英语的发展

作为一门新兴跨学科复合型专业,商务英语在中国已经有了六十多年的发展史,但作为一门学科,商务英语专业依旧显得有些"年轻",从 2007 年教育部正式批准设立商务英语专业至今,也不过才短短十多年的历史。商务英语作为在商务环境中使用的特定语言,在很大程度上都扮演着国际性交际的重要角色,在传播文化、发展经济等领域也同样发挥着重要作用。与传统概念中的通用英语不同,商务英语要求语言学习者能够同时掌握语言本身,以及商务知识技巧,因此,在语言学习过程中需要面临的难度也会更大。特别是在目前,国内相应领域教师资源不足,综合性教学水平仍然有待提高,要想培养一批有水平、有能力的商务英语专业人才,对商务英语教学的深度探索就不可或缺,甚至迫在眉睫。目前开设有商务英语专业的高校,尚未形成统一的教学模式,这主要是因为尚处在探索发展阶段的高校商务英语专业教师还未能形成共识。目前比较常见的几种教学模式，如英语教学法、交际教学法、案例教学法等，都存在各自的弊端，很难在语言教学和商务知识教学这两者之间达到一个良性平衡。特别是目前国际形势日益变化，世界经济日新月异，对于有专业素养的商务英语人才的需求也在日益增长。因此，探索一条适应新时代背景下，商务英语专业人才教学的新道路以满足现代商务英语人才需求，就是我们的当务之急。

第二节　语言经济学对商务英语的影响

一、语言经济学概述

语言经济学是一门跨教育学、语言学、经济学等学科的新兴边缘学科。最早由美国经济学家雅各布·马尔沙克（Jacob Marschak）于 1965 提出，马尔沙克研究并揭示了语言的经济学本质：价值（value）、效用（utility）、成本（cost）和成效（benefit）。从语言经济学的角度来看，语言技能本身是一种人力资本，语言的学习可以看成是一种人力资本投资。既然是作为一种经济投资，那么投资成本和预期效益是必须考虑的两个重要因素。

二、语言经济学下的商务英语教学

（一）创新变革课程内容，增强学生英语应用能力

基于语言经济学视角，高校教师需要在开展商务英语课程时不断变革教育内容，以提升商务英语课程教育质量，增强课程语言价值。商务英语知识的学习可以有效带动经济的发展，但是从现阶段教育发展情况来看，商务英语毕业人才很难满足企业工作岗位的需求。以商务知识这一点为例，在教学过程中教师一般都会使用汉语，想要完全融合英语教学是一件十分困难的事，学生经常会产生轻视商务英语的问题。同时绝大多数学生不具备实际的商务服务能力，在实训课程中，学生的业务能力没有得到很好的强化。通过与学生的语言交流可知，许多学生迫切希望进行英语变革。

基于国际经济贸易往来，高校商务英语专业教师需要培养出具有自我培养能力的素质人才，这些人才才可以与其他企业或者供应商进行谈判，这也是商务英

15

语教育的核心所在。因此，在开展课堂教学活动时，商务英语专业教师需要以语言经济学理论做理论指导，根据商务英语专业学生需要具备的理论涵养，确定专业人才发展方向，针对企业发展情况进行市场调研，与企业专家进行协商，合理转换商务英语教学任务，进而不断提升学生的学习能力。通过有效调查商务英语专业发展方向，对工作技能、经验及理论进行研究。在各项商务活动中能够出色地完成多项工作，这是企业单位对商务英语专业毕业人才的基本要求。基于此，高校方面需要聘请企业商务专家到校进行技术指导，在一同商议后科学定义本专业技术人才的发展方向。在确定教育目标后，相关教师需要掌握学生的实际情况，对学生的英语听、说、读、写、译多项技能进行强化，为学生讲解最先进的国际商务理论知识，不断强化学生的英语交际能力。在教学中教师需要依据专业岗位技能需求，为学生量身定制学习任务，使其明确工作流程，满足工作岗位的技能需求。

（二）以就业需求为方向，科学设置商务英语课程

以专业人才培养目标为切入点，教育过程中最为重要的内容就是课程，课程也是决定教育质量好坏的重要因素。语言经济学认为语言是一种可见的人力资本，一定数值的投入是对人力资本进行学习并掌握的物质基础。语言价值的主要特征是高低不一的划分，由此我们可以看出，要想切实提升商务英语课程的教育价值，就需要重视语言价值，重新定位教育内容。最近几年，国内相关文献资料显示高等教育需要充分发挥出专业价值，但是从实际发展情况来看，英语课程一直受到某些内容的限制。通过有效创新教育变革形式，以商务英语课程设置为切入点，以就业需求为指导方向，以此来确保人才经济价值的显现。

想要充分发挥出人才的经济价值，在设置英语课程时就需要充分考虑专业人才发展方向，以人才目标为牵引，全面整合人才市场的供需，合理地设置商务英语课程。在与企业、行业专家一同商议后，以基础课程为语言基础，创新优化教育模块，紧紧围绕课程教学核心，以企业岗位需求为出发点，以此来切实满足商务英语的发展需求。需要注意的是，商务英语专业理论课程，主要出自企业精英与教育专家学者及课程资源编程小组，是与商务英语专业教师一同商议后确定的。

三、商务英语的语言经济学价值

随着经济的发展，商务英语的应用范围越来越广泛，作用越来越突出。它不仅能促进国际间的交流和国家经济贸易的发展，本身还具有市场价值。商务英语

及商务英语教育可以产生直接或间接、有形或无形的社会效益和经济效益。因此，研究商务英语的语言经济价值，将有利于我国更好地融入经济全球化浪潮之中。

语言经济学的主要观点可概括为：语言本身是一种人力资源，学习者可以直接利用所获得的语言知识和技能，从事与语言相关的工作，也可以将语言作为学习其他知识和技能的工具，服务于社会，从而取得经济收益；学习第二种语言是对人力资本生产的一种经济投资，具有投资费用和投资预期效益；语言的经济价值有高低之分，其经济效用取决于该语言在不同市场上的使用密度，而其使用密度则取决于社会的需求度，语言的熟练程度也影响和制约着语言学习者的经济效益。此外，作为一种具有经济价值的投资，语言能够促进社会经济的发展。

商务英语是一门以语言学与应用语言学为基础，注重吸收其他学科的理论与研究方法的综合性交叉学科，是人们在从事国际商务活动时所使用的，以英语为交流工具，以商务知识为核心的一种专门用途英语。和普通用途英语相比，商务英语的学习者有更为明确的学习目的。商务英语的学习者学习商务知识，目的在于提高英语语言技能，以获得能够在商务环境下运用英语解决商务问题、进行商务沟通的能力。

语言的发展和经济活动一直有着密切的关系。商务英语主要应用于商务领域和商务活动中，因此它和经济的联系是与生俱来的。而从语言经济学的角度来看，作为大部分国际贸易的交流语言和跨国公司涉外企业等的工作语言，商务英语已经不再是一种单纯的交流工具，而是一种有效益的语言，具有经济学的属性。

首先，商务英语可以被看作一种人力资本。人力资本和物力资本相对，指的是存在于人体之中的具有经济价值的知识、技能和体力（健康状况）等质量因素之和。加拿大教授 F. 维兰科特（F. Vaillancourt）指出："如同通过工作经验或通过诸如数学和历史学科的正规教育所获得的知识和技能一样，语言本身也是一种人力资本。"作为一种人力资本，商务英语技能的获取和提高，可以提高人力资源的质量。借助这一人力资本的积累，人们可以利用英语从事商务翻译、商务谈判等活动，通过商务沟通解决商务问题，进而为个人、企业或社会带来收益。

其次，商务英语是一种经济投资。培养商务英语能力的商务英语教育，可以被认为是一种生产、积累和维持人力资本的方式，而这种人力资本的获取即商务英语能力的培养，是需要付出一定成本的。对于商务英语的学习者来说，其付出的成本主要有：参加培训或接受教育的学费，购买教材、辅导用书的费用，购买辅助用品如电脑的费用。对于国家来说，培养商务英语人才，其主要支出为建造学校、购买设备、配备教师及进行管理等所支出的费用。此外，培养商务英语能力所花费的成本还包括机会成本。对于商务英语能力的培养来说，机会成本主要是指学习者和国家所花费的时间价值。此外，人力资本投入，可以给人们带来直接的经济效益，也可以增加企业的发展机会，为其带来直接的经济效益，还能为经济的发展创造有利条件。对于国家来说，人们商务英语能力的提高，可以减少国际经济交往中的信息成本、谈判成本、监督成本，增加有用的信息，如各国的商务规则、贸易惯例、相关法律政策等，从而使人们更顺畅地进行经济交往，以降低合作风险，减少贸易损失。商务英语不仅能够服务于经济，促进经济的发展，本身也具有经济价值和效用。

根据语言经济学的观点，商务英语的经济价值主要体现在它可以帮助人们完成某项工作，例如：和国外客户沟通以直接完成某项交易，从而获得经济效益；从事商务翻译、商务谈判等工作，可以获得直接的经济利益；凭借更熟练的商务英语使用能力和丰富的商务英语工作经验，商务英语使用者可以获得更高的薪资。

再次，商务英语本身可以被看作是一种特殊的商品。按照经济学的观点，商品能够满足人们需要的有用性，这被称为使用价值。当前环境下，经济全球化的步伐势不可挡，这使得人们居住环境的语言维度呈现出多元化的发展趋势。在这种形势下，不管是对外经贸活动，还是跨国公司，甚至是一些独资企业内部，对英语人才的需求都在与日俱增。经济学认为，当消费者选用某些具有网络外部性的商品或服务时，他们所获得的效用，会因使用该商品或服务的消费人数的增加而增加，从而产生更大的效用（使用价值）。因此，在国际经济交往中选择使用英语的人越多，其网络外部性就会加强，这样商务英语的使用价值就会更大。随着信息通信技术的快速发展及互联网的普及，商务英语的这种价值将体现得更加突出。

最后，语言经济学为商务英语研究提供了一个新的角度，即从经济学的角度去看待商务英语的语言价值。随着语言在经济生活中的经济作用和价值日益凸显，从经济的角度认识商务英语的价值，对现在和未来都意义重大。今后，如何充分发挥商务英语的经济效用，以实现商务英语的经济价值，将成为学者研究的重点。它对商务英语教育政策、各大院校的人才培养方案的制定、商务英语教师队伍规模和结构的配备、教育教学方法和内容的改善，以及社会商务英语培训机构的经济决策等方面，都有着重要的指导意义。

第三节　商务英语教学现状与分析

商务英语是应用性和实践性较强的课程，能够有效地帮助学生提升商务英语应用能力、表达能力及交际能力。然而在实践教学中，商务英语教学却存在着诸多的问题和弊端，严重影响着高校培养复合型、应用型人才的质量。

一、缺乏明确的教学目标

在理论研究上，商务英语是专门用途英语的重要分支，能够结合社会实践和时代发展的需求，深化英语教学理念，提升英语人才的培养质量。然而我国的商务英语起步较晚，缺乏相对统一的教学体系和教学大纲，导致商务英语的教学目标出现模糊不清的问题，严重影响了学生学习和教师教学的质量。教师对"商务英语教学要培养学生怎样的能力，实现怎样的目标"缺乏相应的借鉴经验和理论指导，导致教师只能在商务英语教学中边摸索、边教学。根据高校的人才培养目标，能够发现高校商务英语课程以培养应用型人才为教育目的，注重课程的实践性和应用性。但如何培养、怎样培养，才能更适应时代或社会发展的需求，则是新时期高校外语教育工作者主要思考的问题。

二、缺乏完善的课程体系

通常来讲，商务英语拥有"商务"和"英语"的双重特点和特征，需要英语教师在教学过程中，将两者巧妙地融合起来，强调课程与课程、内容与内容、知识与知识之间的衔接性，使技能和知识的扩展和巩固，成为高校培养商务英语人才的抓手。但根据实际调查和实践能够发现，我国相当多的高校并没有相对完善和统一的课程体系，也缺乏相应的软硬件设备及设施，致使商务英语教学依旧停留在传统的单向训练上，英语教学内容和方式的差异性较大，系统性和连贯性较弱，极大地影响到商务英语教学的效率和质量。教学内容和教学方式的随意性，又导致教学的稳定性、规范性受到影响，使学生难以从根本上了解知识的内在规律和联系，无法明确具体的学习目标，只能在被动的课程学习中摸索前行，不利于高校培养应用型、复合型人才。

三、缺少灵活的教学方法

（一）单向式教学法固化

教学方法的优劣直接影响学生对教学内容的接受程度。根据对我国大学商务英语教学方法现状的网络调查发现，当前我国大学商务英语教学方法很多还是沿用一种以教师为主导的单向性教学方法，这种教学方法是教师向学生传授商务英语专业知识的基本方法，即以理论灌输为主，实训教学较少，这种方法很容易导致教学方法的单向性与学生个体发展诉求的差异性之间的矛盾。因此，推进我国大学商务英语教学方法创新势在必行。

一方面，大学商务英语教学方法的单向性无法满足学生个体的差异性发展需求。由于教学方法的单向性，使教师在商务英语教学过程中难以全面顾及每个学生个体发展的现实需求，导致大学商务英语教学的针对性不强、效果不佳。另一方面，每个学生的成长环境、教育背景、基础知识和教育诉求等都不一样，导致了学生对新知识、新事物的反应与接受度都不太相同，对大学商务英语的单向性教学方法的接受度也存在差异。因此，大学商务英语教学方法的单向性与学生个体发展诉求的差异性之间存在着不可调和的矛盾，教学方法的单向性不能解决个体发展诉求的差异性和促进学生全面发展的问题，个体发展诉求的差异性抵消或阻碍单向性教学方法的效果，甚至导致学生出现厌恶单向性教学方法的状况。新时代背景下，我国大学生商务英语教学只有因地制宜、因人而异、因势利导地运用多种教学方法，融入全人教育理念，创新发展大学商务英语教学方法，多种教学方法协同推进，才能促进新时代大学生全面发展，成为完整的人。

（二）教学方法育人功能弱化

人才培养一定是育人和育才相统一的过程，而育人是本。人无德不立，育人的根本在于立德。这是人才培养的辩证法。"

在新时代，我国大学商务英语教学方法，就是要将全人教育理念融入教学之中，关注学生个体发展诉求，注重学生健全人格的塑造，以此来推进我国大学商务英语教学方法改革创新。一方面，我国高校商务英语教学存在侧重英语语言基础教学，忽视商务贸易知识教学的情况。调查发现，很多教师将商务英语教学等同于普通英语教学，以至于培养出来的学生英语书写、表达能力都很强，却对商务贸易专业知识感到陌生，不能胜任国际商务贸易的职位。另一方面，我国高校商务英语教学表现为重理论，轻实践的理论灌输教学模式。所以说，当前高校商务英语教学方法在学生实操能力方面的培养还有很大的提升空间。

四、缺乏科学的教学方式

教学方式是商务英语教学的关键和抓手，能够引导学生根据特定的学习目标和需求进行学习，帮助学生掌握并理解商务英语知识和技能。然而商务英语起步较晚，仍然沿用通用英语的教学方法，以知识灌输、单项练习的方式培养和教育学生，无法切实地调动学生参与英语教学的积极性和主观能动性。而在现代教育理念的影响下，高校逐渐认识到教师是知识的服务者和传播者，注重学生在商务英语教学中的地位，然而思想上的转变，却始终没有从根本上落实到"行动"上。部分高校教师缺乏创新理念和意识，依旧沿用传统的教学方式，导致商务英语教学陷入困境，即形成了落后的教学方法和先进的教学理念之间的矛盾。而在新型教学方式及教学方法出现后，部分教师又因评价标准的缘故，普遍注重学生的成绩，难以充分地选择和应用新型的教学模式、方法及理论，导致商务英语教学质量难以得到提升，无法切实地满足社会经济对人才培养的需求。

五、学生自身对商务英语的认同度

学生作为新时代我国高校商务英语教学过程的主体，他们对商务英语专业的认同度也是影响本专业课程教学方法创新的重要因素。相关实证研究证明，教与学互动中学生自身受激励程度的高低，与其学习成效具有显著正相关性。新时代我国商务英语教学方法的优劣，直接体现在学生对该教学方法的接受程度上，以及采用该教学方法对学生施教，学生对知识能力的掌握程度上。

首先，由于大学生与其在中学时期在学习过程中所扮演的角色有所不同，由中学时期的学习客体转变为大学时期的学习主体，不再是单纯地接受知识，老师教什么就学什么，而是要进行自主学习，成为知识学习的主体。因为没有老师的监管和督促，很多学生往往会产生迷茫心理。有部分学生成为课堂上"低头族"，他们手捧手机，注意力完全被手机中的内容所吸引，虽然人到了课堂，但心思却在网络世界畅游。此外，还有些学生因为各种原因对自己所学的专业知识不感兴趣，因此在大学商务英语教学过程中，再好的教学方法对于这些学生来说都无济于事，这样也就很容易影响授课教师创新教学方法的积极性和主动性。

其次，有些商务英语专业的学生在入校之初英语水平一般，有些学生甚至并不喜欢英语学科，在教学中很少配合教师的教学实践，这样就加大了教师教学的难度。与此同时，部分大学生缺乏明确的学习目标，对课程教学并不重视，在这种情况下其对商务英语各门课程的学习热情也就不高，往往只图完成一定的学习任务，做到期末不挂科就行。甚至有些学生之所以选择商务英语专业，就是因为听说这门课程的发展前景比较好，以后有机会参与国际商务合作，听起来比较高端，但是学了之后才发现实用性并不是很强。可以发现，学生最初对商务英语的认识比较模糊、片面，且就读意愿也并不十分强烈，这就导致了其在课程学习的过程中积极性不高。

第四节　商务英语未来发展探究

一、商务英语教学与信息技术深度融合

2018年10月教育部印发的《关于加快建设高水平本科教育全面提高人才培养能力的意见》（教高〔2018〕2号）（以下简称"新时代高教40条"）要求推进现代信息技术与教育教学深度融合，重塑教育教学形态。这为我们在中国特色社会主义新时代不断推进教育改革发展，大力提高国民素质指明了方向。其中，教育现代化就是用现代先进教育思想和科学技术武装人们，使教育的思想观念、内容、方法与手段及校舍与设备，逐步提高到现代世界先进水平，培养出能够参与国际经济竞争和综合国力竞争的新型劳动者和高素质人才的过程。教育现代化的时代特征和深刻内涵是加快推进教育信息化进程，推动云计算、大数据、物联网、移动互联网、人工智能、虚拟现实等新一代信息技术与教学、科研、管理及校园生活的深度融合。

二、商务英语相关专业趋于规范化

虽然商务英语相关专业在我国发展迅猛，所培养的人才能力出众，毕业生很抢手，但商务英语的独立学科和专业地位一直未被完全认可。现在，商务英语成为外国语言文学下设的一个与外国语言学及应用语言学和翻译学并列的独立二级学科。商务英语硕士生、博士生培养计划也将于今后逐步申报完成，相关专业的

规范化日益明显。

三、商务英语相关学位授予趋于弹性化

在我国，商务英语的专门化教育方法要求受教育者不仅要掌握英语语言，更要精通国际的商业专业知识，因此商务英语专业本科毕业生应该有资格在获得商务英语学位的同时获得或选择被授予以下学位之一"文学学士""管理学学士"或"经济学学士"等。同样，对研究生层次的商务英语专业毕业生，学位授予也应该仿照此办理。目前，已经有一些院校在实施"4+0"双学位制度，只要语言文学课程和某一商务管理课程同时完成所需要的学分，学生即可获得两个学位。这种具有弹性或灵活性的学位授予趋势更加切合我国商务英语办学实际。

四、商务英语教学目的趋于侧重跨文化交际能力培养

随着全球经济一体化步伐的加快，国际贸易和跨国交流日趋重要，跨文化交流能力将在国际商务中发挥举足轻重的作用。未来，不了解跨文化差异无疑将构成全球化沟通的壁垒。同时，更多的专家提出，商务英语语言的学习归根结底还是跨文化能力的提高。因此，可以预见，良好的商务文化意识和跨文化沟通能力的培养将逐步成为商务英语教学中的重中之重。

五、商务英语概念和内涵趋于扩大化

在传统意义上，商务英语一般指狭义的商业谈判、进出口业务等对外商务活动所使用的英语，而目前在我国商务英语的概念已经扩大到更加广义的层面，涵盖了贸易、金融、投资、运输、财务、经济法、咨询、会展、国际合作、跨国管理等任何商务活动领域的英语词汇、句型、文体等的有机总和。

在我国，商务英语的概念和含义已经逐步扩大化，办学实践已经多元化，因此将其视为一个在 ESP 的一般商务用途英语（English for general business purpose，EGBP）基础上发展起来的，培养复合型人才的独立的综合性交叉科学，更加符合其发展现状和客观实际。

商务英语教学，应该始终触肩国际，紧跟世界贸易趋势，始终保有专业竞争力。了解高校人才与社会严重脱节的病因，深入思考，大胆革新，创造新的更切合实

际的教学理念，是每一个高校教师都应该密切关注的地方。任何具有开创性的举措，都会引起一个领域的阵痛，这样的阵痛或许漫长或许短暂，但每一次都将带来新的可能和方向。当传统教学已经无法满足社会的真实需要，我们或许可以思考更多本专业的教学方法，更多的思考，将有助于我们更好地平衡二者之间的关系，培养更多可以为企业、为国家所用的商务英语人才。

第三章　商务英语教学理论

理论基础是任何课题研究必须注重的基本环节，只有建构在科学理论基础之上的课题研究，才真正具有理论性和科学性。商务英语是一门实践性较强的应用型学科，能够充分地培养学生的语言表达能力、社会适应能力。但由于缺乏相应的理论支持，传统的商务英语教学尚停留在"摸索"阶段，难以帮助学生充分掌握商务英语知识和技能。在相关理论的支持下，高校商务英语教师能够从学生需求、社会需求的角度出发，探索出全新的教学目标、教学体系及教学方法，帮助学生更好地掌握英语知识，推动学生全面发展。商务英语教学理论是一种以教师为主导，以学生为主体，以典型工作任务为载体，以能力为目标，以社会为背景的系统的教学理论，是让学生通过完成完整的实践过程获得相关知识与技能，并发展实践能力。在新的时代背景下，高校商务英语专业应该以图式理论、ESP 理论、建构主义理论及人本主义理论为依据，进行深入的教学改革。

第一节　图式教学理论

一、图式理论的概念

康德认为图式可以充当概念与感知对象的纽带，来理解、解释人类心理活动过程。1932 年，英国心理学家弗雷德里克·查尔斯·巴特利特（Frederic Charles Bartlett）在其著作 *Remembering* 中引用了"图式"这一概念用于心理学的研究。他认为图式是对过去的反应和经验的积极组织。它可以用于语言理解，读者借助记忆中激活的知识结构来填补文中未表达出的细节内容，从而达到阅读理解的目的。20 世纪 80 年代，人工智能学家大卫·E. 鲁姆哈特（David E. Rumehart）和

P. L. 卡雷尔（P. L. Carrel）将图式理论带入到外语教学中，解释外语学习者的心理过程。在大学商务英语教学中可以利用图式理论对学生的商务英语学习加以正确引导。

目前，图式理论在世界范围内还没有一个明确的定义，不同的人对它有不同的定义。巴特利特意识到了这一点，他认为图式是关于过去经历和反映的信息的一个积极成分，它应该用于特定的适应性有机反应。让·皮亚杰（Jean Piaget）认为个人与环境相互作用，不断产生新的变化、对世界的感知和知识的重组。他认为新的经验与过去的认知结构相互作用，以优化原始的认知结构。皮亚杰称人们的认知结构为图式，这是一种认知能力，可以形成一种有组织的行为结构。在各种活动的过程中，人们建立了一系列的图式，与环境相互作用。图式不断被丰富并在适应环境的过程中不断更新。约翰·罗伯特·安德森（John Robert Anderson）认为，图式是一个抽象的概念，读者利用已有知识理解文章的知识结构。安德森和皮尔森（Pearson）将图式进一步解释为一种知识，便于读者理解记忆中的新输入。詹姆斯·库克（James Cook）将图式称为既存知识或头脑中的背景知识，图式是典型案例和人的心理表征。理解新信息是为了激活大脑中的相关信息。戴维（David）认为图式是一种有组织的思维模式，个体构建这样的模式来解释一些相关的经验。1994 年，史密斯（Smith）指出图式是一种更普遍的模式体验，模式是一种计划、结构、框架或过程。

二、商务英语的图式分类

鲁姆哈特认为图式有三种：语言图式、内容模式和形式模式。

（一）语言图式

在三种图式中，语言图式是最基础的。如果将商务英语写作比作高楼大厦，那么语言就是砖头瓦砾。语言是信息传递的媒介，学生没有对应的语言图式就不能识别商务英语作文中的字、词和句，更无法利用作文中的信息来调动脑中的内容图式和形式图式，进而无法很好地对文章进行深刻的理解与吸收。

教师应在学生进行商务英语写作前，给学生普及相关的英语词汇。例如，在图表描述中，首先需要告诉学生图表的基本种类及相关英语表达，如最常见的三种图表：线形图（line graphs）、柱状图（bar charts）和饼图（pe charts）。谈到图表，势必会涉及相关的趋势变化，而趋势变化无外乎有三种运动方向：向上、向下、不变。而在上升趋势的表达中又包含一般意义的上升、急剧上升、境况糟糕情况下的改善和上升达极值，它们的含义不同，对应的英语表达自然也不尽相同。一般意义上的"上升"的表达可以是 to go up/rise 上升、to shoot up 暴涨、to surge 急剧上涨、to soar 剧增 / 骤升。在境况不太好的情况下的"改善"的表达可以是 to improve/pick up 改善、to recover 恢复。"上升到极值"的表达可以是 to peak/reach a peak 到达顶峰。不难看出，每一个意义又对应多种表达方式，让学生积累如此多的表达方式是为了避免学生在进行商务英语写作时词汇使用单一。

（二）内容图式

内容图式指的是要求学生掌握特定国家和地区的英语知识、文化主题、常识、背景文化等，这个部分的重点是介绍背景文化。各个英语使用地区的语言表现形式受到人们文化素养、价值观念、思维方式、道德规范、宗教信仰、风俗习惯、生活方式等层面的制约和约束，这些都构成了特定的语言环境，即使用英语的具体语境。因此，要在商务英语教学中通过作业、影视作品观赏、各种传媒、多媒体等手段，增添和利用更多的文化背景知识，丰富学生的文化素养，扩大他们的文化视野，丰富学生文化背景知识的图式，借助文化学习提高他们的语言学习能力，实现语言教学的目标。

内容图式要求学生完善商务背景知识，这里不得不提到商务英语原则中最重要的礼貌原则。在商务沟通中，盛气凌人或自恃清高的高姿态会使他人对你敬而远之，对方迫于无奈可能勉强会达成一笔交易，但这显然不利于长期伙伴关系的建立。礼貌原则会让对方感受到尊重与诚意，全程营造一种愉快和谐的商务关系，谈成合作自然是水到渠成的事情。

（三）形式图式

形式图式指的是语境与语言使用的相关知识，是有关交际功能与话语密切联系的相关规则的知识。比如，在商务英语写作教学中，想要快速建立写作的形式图式，教师应当引导学生学习商务范文，要求学生理解并把握不同商务英语写作文体之间的差异及语言表达特征，并积累相关常用套话与句式，以便能在今后的写作中有效运用。例如，商务英语书信写作中的道歉信在写作时首先要在信的开头需要对客户表达诚恳的歉意，紧接着要表明错误原因，以及保证采取何种措施或弥补手段。常见套语有 "This is due to/The mistake was made because.... We can assure you that..."不同商务文体的措辞及句式其实有章可循，教师需要提醒学生注意学习和归纳总结，并通过模仿、复述等形式来巩固学习内容，从而构建商务英语写作的形式图式。

三、图式理论在商务英语教学中的作用

（一）增强理解能力

系统理论认为"整体大于部分之和"。商务英语学习是一个整体，阅读、听力、写作、翻译都是其中的一部分，在平时的训练过程中，各异的训练内容、练习中的细节等就是整体中的部分。因此，高校教师应帮助学生创建商务英语学习的整体图式，指导学生养成对商务英语内容多角度分析的学习习惯。通过这样的训练方式，学生可以在长期训练的积累中，逐渐在大脑中形成一定的图式，对学习内容有一个更加深入的把握，从而更好地理解商务英语听力等内容的细节。

（二）提升创新能力

例如，在听完语段后，教师应指导学生建立话语图式，进行全面的回忆，有效地分析话语的结构，综合话语的内容，提升他们的逻辑分析水平。学生在构建好图式之前，必然需要经历一个长期探究和创造的过程。同样的听力训练内容，不同的学生将会创造出不同的图式，教师应该引导学生对材料内容进行分析和探究，通过这样的过程锻炼学生的思维能力，提高英语学习的创新意识，最终提高创新能力。

（三）提高综合能力

在平时的商务英语课堂上对学生进行相应的笔译、口译、听力等能力的训练后，教师在教学过程中可以更多地选择促进学生发展的教学方式，如讨论和评价等，来指导学生将已建立的图式应用于实践。如原著阅读，这样的方式不仅可以巩固和加深学生已经学习的英语知识，同时还能够使学生进行一定程度的语言知识拓展，提高学生对英语历史文化和各种英文体裁的熟悉程度，深化和拓展多样的图式，为未来更具挑战的英语知识学习做好准备。

第二节 ESP 教学理论

一、ESP 理论概述

ESP(English for specific purpose)即专门用途英语,我国学者蔡基刚认为:"ESP是指与某种特定职业或学科相关的英语，是根据学习者的特定目的和特定需要而

开设的英语，其目的就是培养学生在一定工作环境中运用英语开展工作的交际能力。"作为一门英语课程，其设立是为了使学习者的特殊目的得以达成，以及特定需要得到满足。

随着全球经济一体化的加强与区域合作的不断推进，ESP教学已成为大学英语教学的必然发展趋势。尽管我国ESP的理论研究和教学实践已取得一定进步，但仍存在ESP课堂教学方式单一、对课堂用语的技巧及方式不够重视等问题。因而需要对该理论进行深入的分析和研究。

二、ESP 理论对商务英语教学的启示

在ESP理论背景下，商务英语专业教师在实际教学工作中，应该全面分析学生的学习需求与发展需求，将需求当作是基础理论部分，做好相关的指导工作，将学生作为课堂的主体，贯穿实践操作教学环节，全面提升整体的教育指导工作质量。

（一）教学设计阶段

因为课前准备教学资源的过程也是对知识进行内化的过程，教师应充分分析学情，根据具体的学情制定个性化的课程设计，并通过学情分析，科学地认识到学生的学习问题，智慧地选择有用的媒介，如学习通、QQ直播和录播；批判性地选择教学材料，查验信息内容的正确性；完全掌握标准软件。利用网络资源在不同的学习环境下，为学生量身定做相关微课或指定线上慕课学习资源，预留问题和作业，以便学生熟悉相关知识内容。

（二）课堂教学阶段

教师应将英语能力的培养融合于课程教学中。创新教学方法，广泛运用presentation（陈述）、group discussion（小组讨论）、in-class debate（课堂辩论）、problem-solving（问题解决式）、roleplay（角色扮演）、hands-on activities（动手操作）、field visits（实地考察）、interview with experts（采访）等趣味性与有效性兼具的教学活动，进行融合式教学；"闪电"总结，给予学生快速、及时和频繁的反馈，强化学生学习效果，使学生体验不同的学习经历。

教育部颁布的《国家中长期教育改革和发展规划纲要（2010—2020年）》提出，要培养能够参加国际事务与国际竞争的国际化人才。近年来，国际商务被提升为国家层面的重点研究课题，国际商务新业态对我国对外经贸专业人才培养提

出了新的挑战，为应用型国际商务人才培养的目标注入了新的内涵。从专门用途英语视角分析国际商务人才市场需求，重新定位人才培养目标，构建新的合理的课程体系。商务英语课程设计包括：英语语言能力，即听、说、读、写、译；国际商务知识能力概述，即目标、决策、环境；环境评估，即增长、市场价格、利率、通货膨胀；所有制形式，即风险与回报、法人、合作人；创业与商业规划，即商业计划、竞争、进入市场；管理效率，即方法、技巧、功能、水平；产品推销，即促销、销售、广告、组合；组织结构，即部门、组织核心、公共责任、目标；人力资源，即满意度、价值。补偿、机遇；生产与价格，即效率、控制、定价；市场调研与数据分析，即消费者行为分析、产品分析定位、平台数据分析、调研报告；社会科学数据软件，即 social package for social science（SPSS）；跨境物流，即通关、物流与配送；财会与金融分析：证券、股权、债务、融资。

商务英语专业教师在教学工作中，可按照 ESP 的理论采用模块化的课程教学模式，将商务英语专业的课程模式设计成为语言教学模块、专业教学模块、实践操作教学模块，将各种模块相互整合。在此期间应该设计实训模块，模拟生产实习环境，培养学生的实践操作能力，使得学生在仿真的工作环境与工作岗位中，积极参与实践操作活动，商务英语专业的实践能力与综合技能得到锻炼，使其在未来毕业之后，能够很好地适应岗位工作。在此期间应该强化实践操作课程的建设力度，增加课程模式中实践内容的比例，培养更多优秀的专业人才，确保学生的商务英语专业的基本技能、综合能力能够满足企业的人才需求，优化各方面的工作机制和体系，达到预期的人才培养工作目的。

（三）课后反思与提高阶段

在这个阶段，ESP 教师共同体又能很好地发挥作用。ESP 教师共同体应努力借助早期录影，直播反馈分析，对理论假设、教学方法及其效果等进行评估、互评。应采用诊断式评价，对学生的学习活动与成就进行评价，对自身教学的实施过程进行反思，不断完善课堂教学。

要强调的是，商务英语教学中的角色扮演和工作场景模拟是常用且非常有效的教学策略。学习者可以在实际活动中学习未来工作场景中所需的知识和技能。虽然现场教学取决于实际课堂状况、教学具体目标和真正可用的资源，但教师也应结合学生兴趣爱好及发展特点，为学生提供专业服务，并同时以学业导师的身份，给学生辅以思政教育的心灵滋养。

此外，商务英语专业教师还应以开放的心态，敦促学生广泛地收集并跟踪专业信息，加强专业素养，并创造条件，进入具体的专门用途英语的工作场所，亲历目标语篇，使自己的教学和反馈更适合社会发展也就是学生就业的需求。ESP还应实现学测一体，以测促学。通过测评，要让学生在乐学、会学和学会三个层次上层层递进。总之，要想使作为"外语＋"复合型人才的学生在未来能很好地适应社会的发展，教师必须敢为人先，积极创新。

蔡基刚教授曾多次指出：ESP 是语言教学，不是专业知识教学。ESP 已然成为我们国家高等院校英语教育的关键方向，这就使得大学英语教师必须面对新的挑战与考验，成为 ESP 课堂合格的课程设计者，灵活地掌握话语策略，调动学生学习的积极性，使学生在高效的互动模式下学有成效。

第三节　建构主义理论

一、建构主义理论概述

建构主义起源于 20 世纪 60 年代，作为认知心理学派的一个分支，强调教师的指导作用，但更加突出学习者的认知主体作用，提倡以学习者为中心的教学模式。建构主义认为，人通过在其所处社会环境中的交互理解，以及从中获得的体验构建成新的含义。它认为先前获得的知识和体验在学习中起着重要的作用，是后继行动的基础。它着重研究的是学生对学习为何关注，从而打开批判性思维和智力开发之门。

建构主义理论强调学习的主动性、社会性和情境性。建构主义学习的主要特征体现在积极性学习、建构性学习、累积性学习、目标指引学习、诊断性学习、反思性学习。建构主义理论强调以学生为中心，学习者是意义的主动建构者，他们不是被动地接受信息，而是主动地根据先前已有的认知结构，借助必要的信息资源在一定的情境下通过协作、讨论、交流、互相帮助（包括教师提供的指导与帮助）主动构建信息。建构主义理论强调，课堂教学不能只是机械地向学生灌输知识，而是应该在教师的指导下，使学生能主动构建知识。学生的知识并非源于教师的讲授，而要靠自主学习、合作探究来获得。"学习者是知识的创造者"这是该理论的核心内容。教师要为学习者提供各种资源，鼓励学习者主动探索并完成知识构建。同时，必须注重建构情景、协作、会话、意义四大学习环境要素。在学习环境的创设和营建中，教师应该是整个教学过程的设计者、组织者、引导员和协调员，扮演多种角色，起着主导作用，是学生学习的助手。在整个教学过程中，学生应该是主体，是学习者、参与者、主角和演员。同时，还应该特别重视评价环节对产出任务的促成作用。评价分为即时评价和延时评价，应该由师生共同完成。在即时评价中，教师对学生或者学习小组的表现给予反馈，同时鼓励学生参与评价，增强课堂互动性；在延时评价中，可借助智能教学平台，教师在课前精心批改，课堂上组织全班讨论，共同商讨修改建议，学生课后完成独立修改或者同伴互助修订。学生在与教师和同伴的协作、会话、讨论和评价过程中，不知不觉地完成了意义的建构和知识的迁移，从而达到了学习的最终目标。

建构主义认为，新时代教师的角色应该有所转变，从传统的传道授业转向解惑和指导，做学生真正的领路人。在信息化社会发展下，教师要积极寻求新型的课堂教学模式，如智慧课堂，利用信息化手段，及时更新知识，了解学科的前沿，丰富课堂形式，使学生从被动吸收知识向主动构建知识转变。商务英语专业应用型、复合型人才培养模式就是根据建构主义理论提出来的，强调以学生为主体，以教师为主导，以实践为导向，校政行企共同参与，协同育人。

二、建构主义理论对商务英语教学的启示

将建构主义应用于外语教学，这种教学模式的内容可以概括为：以学生为中心，强调学生对知识的主动探索、主动发现和主动建构。建构主义理论下的外语教学的出发点就在于，关注学生在外语学习中对知识积极主动地探索和建构的问题。以学生获得积极的主动的心理体验为动力和导向，以情景、互动、任务、项目、合作学习等为主要方法，借助各种现代信息技术的外语教学资源，创造外语学习的交互情景环境，使学生通过积极主动的探索和参与去体验学习，帮助学生获得语言交际能力。商务英语教学尤其关注学生在外语学习中缺乏学习信心和学习动机的问题。通过参与一定的商务英语学习环境，激发学生在学习过程中的参与性和趣味性，体验式的学习和教学模式可以帮助学生更深入地融入外语学习情境，从而掌握语言的交际能力。因此，这种体验式的教学模式比较适用于富有情境的外语教学环境，而商务英语专业课程正好符合这样的要求。

以商务英语听说课为例，在建构主义理论的指导下开展课程教学，应该注意以下几个问题。

首先，要建立一个良好的商业模拟场景，选择一个合适的商务情境案例也很重要。教师在创设商务交际环境和选择商务活动案例时应注意相关性原则。所有

的情境和案例来自真实的商务活动实际。对于教材中提供的广泛的商务场景，教师应充分熟悉、明确在整个教学过程中，如何通过一定的商务案例的活动教学来实现商务英语听说的教学目标。

其次，使用情景模拟体验法。该方法是指通过一些教学软件——只读光盘（compact disc read-only memory，CD-ROM）、课件等多媒体技术，或者使用图片、视频等实物，使学生尽可能逼真地模拟商务交际的情景，让学生有身临其境的感觉，并有效地参与到商务英语的学习过程中。这种体验式教学方法适合商务谈判、会议议程等有具体情境的商务英语听说教学内容。其中，角色扮演体验是商务英语听说课程中最常用的一种体验方式，是指学生扮演具体的商务角色，在教师的协助下，通过一定的教学组织、指导，模拟情景或设计任务，进入角色，处理各种商务问题和矛盾。角色扮演给学生一个具体的身份，让学生有机会说和做，使学生在活动中能够激发灵感、发展解决问题的能力，以此提高教学效果。角色扮演体验法适用于商务接待、参观公司、客户沟通等商务英语听说教学内容。

第四节　人本主义理论

一、人本主义理论概述

人本主义心理学是 20 世纪五六十年代在美国兴起的一种心理学思潮，主要代表人物是亚伯拉罕·H. 马斯洛和卡尔·R. 罗杰斯（Abraham H. Masolw & Carl R. Rogers）。人本主义认为，人类具有天然的学习潜能，但是真正有意义的学习只发生在所学内容具有个人相关性和学习者能主动参与之时。个体在他们自身内部就有巨大资源，如果能提供一定的具有推动作用的心理气氛，那么这些资源就能被开发。

以人本主义心理学为基础的人本主义学习理论，主张人的自我实现，强调以学生经验为中心的"有意义的学习"，突出学生学习的主体地位和作用，重视对学生人格的培养，强调整个学习活动全过程的中心是学习者。在教学中，教师不仅应当充分尊重学生，还应根据学生的个性差异，因材施教，为学生创设不同的学习条件，使学生能根据其个性需求自由发挥。

二、人本主义理论对商务英语教学的启示

罗杰斯认为人类具有自然的学习潜力，但真正有意义的学习只发生在被学习的内容是与个人相关的，或者由学习者积极参与的时候。个体内部拥有巨大的资源，如果能够提供一种可以促进的心理氛围，那么这些资源就可以得到发展。换句话说，只要有一个良好的学习环境，学生就可以凭借自身的力量，自动、自我地完成学习任务。根据人本主义理论，高校商务英语教师要了解学生的兴趣和爱好，尊重学生在课程内容上的选择权，充分挖掘学生的内在潜能，注重学习者个人的观点，尊重学习者的个性发展要求，强调学习者的个人价值，把促进学习者的全面发展作为教学的最终目标。要转变以教师为中心的教学模式，教师要转换成学生学习的推动者和帮助者。

第四章　商务英语教学模式

传统的商务英语教学模式以教师为中心，教师在对教学资源的开发、管理和应用中，对学生主体意识的重视度有限，资源的收集、筛查、汇总和分析过程很少邀请学生参与其中。学生对数字化教学资源的参与度不高，他们就不会主动收集和丰富与英语课程相关的学习资料，不会与同学和教师共享，也难以积极主动地对课程进行思考和探究，其学习主体的优势与价值就难以发挥。本章主要介绍新时代背景下的高校商务英语教学模式，为培养高质量的商务英语人才提供有益参考。

第一节　商务英语教学原则

教学原则是在教学规律的基础上制定的实现教学目的、指导教学工作的基本要求。教学原则是对教学活动的内在规律和本质特点的反映，贯穿于教学的全过程，是教学质量的有力保障。具体来说，在商务英语专业教学过程中，应遵循以下几项原则。

一、交际性原则

交际是语言学习的根本目的，语言为交际提供手段与工具。在英语学习过程中，交际既是手段也是目的。要想使英语成为学生交际的工具，就离不开大量的有效练习。因此，根据交际性原则的要求，教师应培养学生的英语思维习惯与能力，努力避免母语思维的影响。英语的句法结构有着灵活、复杂、多变的特点，在句子表达过程中常常需要对主谓关系、词性变化、固定搭配、时态呼应等进行综合考虑。如果学生采取母语思维方式，然后再转换为英语，势必会给交际的顺利进行带来负面影响。

二、以学生为中心原则

一般来说，商务英语专业教学的对象应该具有以下几个方面的特点。

（1）具有一定的英语基础及英语应用能力。

（2）充满热情、思维活跃、创造性强。

（3）积极性高、动机明确，具有较强的学习能力。

（4）在知识结构与专业背景方面呈现多元化的特点。

总之，商务英语专业教学的教学对象大都具有自主学习的特点，对自身学习风格和策略有很好的了解，对学习任务采取积极态度，愿意冒险，既注意形式又注重内容。在具体的教学实践中，教师应对商务英语专业教学对象的上述特点有较好的把握，这样才能根据学生的需求因材施教。具体来说，在教学课程开始时，教师可通过一定的途径对学生的信息进行采集与分析，从而提高教学安排的有效性与针对性。例如，教师可在介绍课（introductory class）上请每位同学提交自己的英文版学生简况（student profile），内容可涉及以下三个方面。

（1）个人基本情况，如自我评价、专业特长、兴趣爱好等。

（2）家乡基本情况，如气候特点、知名企业、特产等。

（3）对课程的认识，如学习动机、学习期望、建议等。

通过对上述信息进行汇总，教师既可从英语水平、意识能力等方面深化对学生的了解，又能够对教学对象的需求与特点形成系统的把握。此外，为了在师生之间形成良好的互动，教师还可以将全班学生的情况汇编成可以随时查询的PPT。

三、教学内容的选择原则

（一）教学主题成体系

受到教学课时数量的限制，将教材中的全部主题都纳入教学是不现实的，因此教师必须有所取舍。例如，如果教材共包含 15 个单元。其中，1~2 单元为商务活动准备环节，3~6 单元为商务活动基本技能，7~12 单元为国际贸易主要流程环节，13~15 单元为商务知识补充拓展。那么，将 1~2 单元与 7~12 单元等 8 个单元作为教学主题是比较合理的选择，因为这些内容不仅是课程的主要教学目标，还涵盖了国际贸易磋商的主要环节与内容，可以自成一个完整的体系。其余单元的内容则是该体系的拓展与补充，可由学生根据自己的情况灵活、自由选择。

（二）教学内容有重点

教师确定教学单元与主题之后，应对内容进行选取，即选择每一个选定单元中的哪些内容是由学生在课外进行自学的，哪些内容是由教师在课堂进行教学的。一般来说，教材的单元内容都是比较丰富的，既有听、说、读、写等方面的不同任务，又有词汇注释、内容拓展与后续练习。因此，为了更好地把握重点，对其进行分类、选取是十分必要的。培养学生在口头与书面两个方面进行商务沟通、商务磋商的能力是内容选取的主要依据，因此口语任务、写作任务、阅读任务及陈述、演讲、角色扮演等练习应成为核心的教学内容。为提高教学的有效性，可在前后分别加入单元概述、知识讲解、单元小结等。每个单元的其他部分则可留出固定时间，由学生自己学习、消化。

（三）内容形式显特色

与大学英语课程相比，商务英语拓展课程属于后续课程。因此具有其自身的特点。具体来说，与基础阶段的大学英语课程相比，其在听、说、读、写、译等技能方面的教学都在形式、内容方面有了很大提升。此外，它还增加了与国际贸易相关的技能与知识。因此，在每个单元的教学过程中教师都应对最核心的商务英语表达、商务知识、商务技能、模拟应用等进行提炼，从形式、内容两个方面做到胸有成竹。

四、教材的选择原则

教材质量的高低对于教学目标的实现具有决定性的意义。在进行教材选择时，通常从以下四个方面入手。

（一）针对性

针对性是指课程的语言与内容应对教与学的一般因素进行充分考虑，应与商务活动、学生的特点紧密结合，突出重点、学以致用，并配备相应的教学课件与参考答案。

（二）实用性

实用性应能够为学生提供大量实用、真实的语言模仿、语言输入的机会，并紧扣当今国际商务活动，使学生既能切实提高商务沟通能力，又能学到商务知识，掌握语言技能。

（三）多样性

多样性是指以口语技能为中心，提升学生的综合语言技能，采用角色扮演、演讲、讨论、对话等多种形式对商务交际情景进行模拟，更好地突出单元主题的重点。

（四）全面性

国际商务实践往往涉及很多环节与诸多活动、流程，这些都应被包含在教材中，从而帮助学生建立起商务活动的系统认识，更好地体会各个环节的操作要领。

五、多元统一性原则

（一）商务英语的语言教学原则

语言是以语义为意义内容、以语音为物质外壳的符号系统，由音义结合的词汇和语法组织规律地构成。此外，语言还是人类的重要交际工具之一，它有利于保存人类的认识成果、交流与传递信息，因此又是一种具有民族性、稳固性的社会现象。

商务英语是英语在商务语境中的应用，因此商务英语并不是一种特别的语言。所以，语言是学习商务专业知识的前提，而商务英语教学是一种体系教学。通过商务英语的学习与实践，学生可以掌握商务活动中的基础知识，并将商务知识与语言知识、文化背景知识、交际技能等进行有机结合，可见商务英语教学就是要寻求商务英语知识与语言能力培养的最佳结合点。换句话说，商务英语教学以商务活动的实际需要为出发点来设计、编排具有较高实用性的教学内容。其中，专业知识学习的基础是建立在普通英语基础上的词汇、语法、语篇教学，商务活动要求的英汉双语交际能力则是教学重点。商务英语教学的目标是使学生具备丰富的商务理论、准确而清晰的商务业务语言、一定的实践经验及较高的交际能力、应变能力，在与同事、经理、外商、客户的沟通过程中能够准确、快速地完成产品与服务推介、销售等任务，或者从事商务活动的规划、研究等工作。从这一层面来看，商务英语教学首先是语言教学。

（二）商务英语的商科专业知识教学原则

商务英语教学旨在培养具有扎实的语言基本功、开阔的国际视野、较高的人文素质、系统的商务知识，以及较强的跨文化交际能力的应用型商务英语专门人才，因此属于商科专业知识教学，具体体现在以下三个方面。

（1）课程特色。课程特色是指淡化语言自身的体系，以学生所学专业为依托，突出专业性与未来职业特点，从而使学生的英语职业能力得到拓展。

（2）理论教学目标。理论教学目标是指通过商务英语专业的学习，掌握物流管理、金融管理、跨文化交际（国际商务文化与礼仪）、国际商法、国际贸易、人力资源、管理学、国际商务概论等方面的基础商务理论，能在对外商务活动中灵活运用商务知识与跨文化知识。

（3）知识与能力。知识与能力是指熟悉国际贸易、物流、企业管理、人力资源。

（三）商务英语的实践教学原则

商务英语以语言学习为基础，所以首先是语言教学。听、说、读、写、译是语言的五项基本技能，商务英语教学在实践技能方面的目标就是培养学生的综合语言运用能力，使他们能在商务磋商、商务会议、商务讨论中对所学知识、技能进行灵活运用，从而顺利地进行对外交流与沟通。

进行必要的语言积累、掌握基本的语言知识、了解语言的表达习惯是形成英语语言运用能力的重要前提。综合语言运用能力的提升离不开学习者持续的、积极的语言实践。可见，在培养英语语言运用能力的过程中，实践是一种比较有效的途径。学生通过真实或模拟的环境中的写作、阅读与交谈等活动，完成不同目的的交际任务或语言学习任务，即在对英语进行使用的过程中，提高语言运用能力。换句话说，在"做中学"是培养语言能力的有效途径，商务英语教学就充分体现了在"做中学"的特点。

（四）商务英语的人文素质教学原则

商务英语教学几乎涵盖了人文学科的所有内容，具有极强的综合性。此外，提高学生的道德情操、社会责任感与团队协作精神是商务英语教学的素质目标。需要特别说明的是，国际性的商务活动必然要求学生具备较强的跨文化意识与人文素质。可见，人文素质教学是商务英语教学的重要内容，主要包括以下四个方面。

（1）具备人文知识。人文知识是关于人文领域，特别是精神生活领域的基本知识，包括语言知识、道德知识、哲学知识、艺术知识、法律知识、政治知识、文学知识、历史知识等。

（2）遵循人文精神。人文精神是最重要、最基本的人文思想与方法，是人文思想、人文方法产生的价值观、世界观基础。人文精神体现了人类文明的真谛，具体表现为时代精神、民族精神等。

（3）理解人文思想。人文思想以基本的文化理念为核心，具有强烈的个性色彩、民族色彩与意识形态特征，是人文知识的内在逻辑与基本理论。

（4）掌握人文方法。作为人文思想中的认识、实践方法，人文方法体现了人文思想的产生与形成过程。科学方法通常强调普遍适用性与精确性，而人文方法因与特定的文化相联系，而更加注重体验与定性。人文素质的一项重要内容就是学会用人文的方法思考和解决问题。

第二节　新时代商务英语教学模式的转变

我国经济的不断发展，使得对英语的需求越来越高，从而掀起了一股学习英语的潮流。正是这样的发展背景，使得商务英语有了挑战性。要想使学生在商务英语的学习中，既能感觉到愉快，也能提高成绩，单靠传统商务英语教学模式已经无法实现，在教育的不断改革之中，只有建立新型的商务英语教学模式，才能使学生对商务英语产生兴趣，从而提高学习水平。改革开放以后，我国的经济得到飞速发展，逐渐地走向国际的舞台，随着新时代的到来，各行各业对英语的要求越来越高，既有专业知识又有英语水平的毕业生受到了社会的欢迎。因此，商务英语的教学迎来了新的挑战，如果继续按照传统的商务英语教学模式发展，我国商务英语人才的水平得不到提高。所以，在时代的要求下，必须转变教学理念，加快对商务英语的教学改革，只有这样，才能培养出新时代需要的商务英语专业人才。

一、向 CBI 教学模式转变

基于内容的教学法（content based instruction，CBI），是在 20 世纪 90 年代中期引入中国的，一种通过主题或学科内容教学达到外语习得目的的教学方法。CBI 主张以不同的专题为中心，而不是以语言的形式、功能和技能为中心来组织课程；通过对特定的话题，如经济、文化、历史、艺术、科学等内容的学习培养语言能力。

CBI 教学法以学生感兴趣的内容带动语言学习，能够激发学生学习的兴趣和培养学生的自主学习能力。新版商务英语中内容型教材也为 CBI 教学法主题模式在商务英语课堂的开展提供了材料支持，它为我国的商务英语课堂教学模式改革提供了一条新的思路。教育部 2007 年正式颁布的《大学英语课程教学要求》明确指出："大学英语的教学目标是培养学生的英语综合应用能力。各高校应充分利用多媒体、网络技术发展带来的契机，采用新的教学模式。"同时，经过中小学英语教学十多年的蓬勃发展，越来越多的大学新生的英语水平已接近大学毕业生要达到的大学英语四级要求，现在大学一年级就通过大学英语四级水平测试的学生数量的增多，也是大学新生英语水平提高的证明。新的形势呼唤商务英语教学模式的改革，同时改革也为新的教学模式提供了条件。

作者认为，CBI教学法较好地达到了《大学英语课程教学要求》，能够作为一种新的教学模式在商务英语课堂中应用。CBI以内容带动语言学习，激发学生的学习兴趣，培养学生的自主学习能力。传统的英语教学理论认为，学习者应该首先掌握语言的形式（如语法、构词法等），通过语言形式来理解语言内容。在这种理论的影响下，商务英语教学偏重于语言形式的教学，一堂英语课往往都是讲单词用法、句型结构，这种忽略内容的模式远远不能满足大学生作为成人的求知欲。语言形式和内容"两张皮"的做法严重挫伤了学生的英语学习兴趣，影响了商务英语教学的效果。丰富的学习内容是从根本上激发学生的学习热情和兴趣的重要因素。CBI教学法从内容入手，内容的选择与学生的兴趣、生活和学习密切相关。它在整合听、说、读、写四项基本技能的同时，将语法和词汇教学包含在一个统一的教学过程当中。一方面，它为商务英语课堂教学提供丰富的教学背景，教师可以利用这些内容呈现、解释语言的具体特征。另一方面，挑战性的内容是语言习得成功的基础，能够引起学生的求知欲，激发他们的学习兴趣。当然，CBI教学法以内容为重点，但并不是对语言不管不顾，而是语言与内容并重，通过内容的学习带动语言的学习。一旦学生有了强烈的求知欲和浓厚的兴趣，他们会积极参与到课堂当中。课前利用书籍、网络等，查阅准备相关资料，课后及时反思总结，在获取知识的同时，也熟悉了语言的形式，从而实现了内容学习带动语言学习，也培养了学生的自主学习能力。

CBI教学法的主题模式通过主题形式来组织教学。这些主题主要来自与学生兴趣和学习生活密切相关的内容。国内新版商务英语教材，如《新视野商务英语》，就是一种较好的内容型教材。它以大学生在大学认知能力的发展为依据，主题从学生熟悉的人文领域逐步扩展到科技领域，一到四册每个单元的教学都围绕某个特定主题展开，内容涵盖友谊、亲情、爱情这些人文主题，还包括经济、商业、电信、克隆这些科技主题，还有种族问题、社会福利等社会主题。选材内容广泛，符合大学生认知能力需求。可见，新版商务英语教材为CBI教学法在商务英语教学的展开提供了很好的平台，教师在CBI教学法主题模式的引导下，充分利用这些内容型教材，从学生感兴趣的主题入手，以宣讲主题内容为手段，积极引导组织学生参与到课堂教学中。

在 CBI 教学法主题模式下，学生担当多种角色，如接受者、倾听者、计划者、协同者，而教师也扮演着多重角色，可以是学生的信息源、任务的组织者、促进者等，同时锻炼了教师和学生的综合能力，真正实现了教学相长。

CBI 教学法符合《商务英语课程教学要求》中新模式的要求，实现了教师引导学习与学生自主学习的有机统一。在 CBI 教学法主题模式教学下，结合如《新视野商务英语》等新版商务英语教材，使学生在掌握知识的同时，也熟悉了语言形式，达到了培养学生英语综合运用能力的培养目标。教师把以主题为主的认知结构的建构、拓展和深化的任务交给学生，从而在真正意义上培养了学生学习的自主性。

二、向 ESP 教学模式转变

专门用途英语具有四个根本性特征：①必须满足学习者的特定需求；②必须在内容上与特定的专业、职业相关；③在句法、词汇、语篇、语义及语篇分析上，重点必须放在特定专业、职业及其相关活动的语言运用上；④与普通英语形成对照。还具有两个可变性特征：一是在语言技能的习得上有局限性和针对性，如根据学习者的特定需求只训练某一技能；二是可以不按任何事先规定的教学法组织教学，在教学法上有很大的灵活性。在现今英语专业的课堂上，采用 ESP 教学模式无疑是提高学生英语实际应用能力，把其对英语语言的学习和社会经济发展的需求相结合，使其在毕业时增强就业竞争力。

三、向网络教学模式转变

网络把教学带入一个崭新的信息化时代。教师要以全新的教学思想和理念，充分利用现代化信息技术的优势，从根本上突破传统教学模式的局限性，打造新型的网络课堂，构建"互联网＋"学习平台的课程教学体系，提供高质量课堂教学，这符合创新型商务英语人才培养要求。

高校商务英语教学的整合与创新必须有先进的理论作指导才能得以顺利推进和取得良好效果。CLIL 理论（content and language integrated learning）、整体语言教学理论（whole language approach）等众多科学理论，都为"网络化"驱动下的高校商务英语专业本科教学整合与创新提供了有利的理论依据。

CLIL 理论在 20 世纪 90 年代中期在欧洲兴起，它采用语言与内容融合的学习理念，是强调在广泛学习和教学情景下，整合内容和语言的一种外语学习模式，主要推崇浸没法、专题教学法和持续性专业知识的语言教学。CLIL 理论倡导以外语为媒介掌握学科内容，商务英语就是以英语为媒介掌握商务相关内容。

整体语言教学理论强调以学生为中心，兼顾共性和个性的发展，考虑学生的需求、动机、目的、兴趣、差异等因素。教师应仔细观察学生的各种表现，尽可能发现问题，然后采取相应的措施，使不同程度的学生都能够获取一定的进步，有效地促进学习。

面对当前的教育教学发展形势和现代化网络信息技术的快速发展，以及科学理论的观点指导，顺应新时代的人才培养需求，基于网络的高校商务英语专业本科教学整合和创新是必须的，也是可行的。因而高校要转变教育教学观念，提高对商务英语专业本科教学整合创新的科学认知。

（一）语言和内容整合，创新课程体系

商务英语专业具有双重教学目标：第一是教会学生在国际商务中使用的英语，即商务英语；第二是教会学生用英语去从事国际商务，即英语商务。在商务英语专业本科低年级阶段，商务英语的听、说、读、写技能基础课程的教学目标应该是商务话语，重点培养学生学会如何沟通，使其掌握商务语域、商务体裁、商务认知、商务语用、商务功能、商务语篇等；进入高年级阶段，在打牢商务英语基本功的同时，学生要着重系统地学习商务专业知识，掌握从事国际商务所需要的经济学、管理学、商务法律、金融、贸易等专业知识，不断提高商务谈判、商务写作与翻译、电子商务等职业、专业、行业的沟通能力，以及商务实践能力。

移动网络使跨界融合、创新驱动、重塑结构、尊重人性、连接一切成为现实。人们获取知识的方式发生了根本性变化，对知识时代性和新颖性的要求越来越高。基于网络整合教学内容，改变教材是求知提能的主要依据。网络庞大的信息量为师生提供相应的信息环境，丰富教学资源供给形式，大大拓展书本知识。在有限课时的情况下，有了网络辅助，教师可以把机械性学习内容和应掌握的知识内容在课内进行压缩。大量英语学习资源和练习情景可以通过网络源源不断的获得。考虑到学生英语水平的差异性和学习侧重点不同，教师除了上传基础性、通识性的英语学习材料之外，还提供与商务各领域密切相关的英语学习素材，如国际贸易、商务管理、市场营销、跨文化商务交际等。使网络学习资源与教师课堂教学内容有机结合，打造"金课程"，形成一个整合和创新后的商务英语教学资源整体，满足众多学生的个性化需求。

（二）线上线下整合，创新教学模式

重构教学内容和课程体系。教学模式一定要创新，摒弃教师"一言堂"的灌输，注重学生主体性发挥。整合与创新的商务英语教学，主要是借助网络，依托数字化平台，充分利用"学习通""雨课堂"等软件，合理使用微课、慕课等教学模式，进行将在线教学和传统教学结合起来的一种"线上＋线下"混合式教学。教师把课堂讲授内容，尤其是背景知识和单元导入部分，通过网络线上的形式进行前移，课前给予学生充分的学习时间，在线下课堂，教师讲授重点难点和学生线上学习过程中反馈的共性问题，组织学生对线上学到的知识技能进行巩固与灵活应用。

创新性教学模式使全球资源共享得以实现，如很多高校的精品开放课程、网易视频公开课等，很多都是免费的。线上线下混合式教学使移动教学和移动学习成为现实，争时提效、查找资料、辅导答疑、互动交流，合作学习都不再受时间、地点和人的制约。例如：口语练习，人机交互录音答题；观看视频、练习听力，作答后即刻显示脚本；练习及时评判、正确率自动统计；作文智能批阅、随时反馈等。两种教学组织形式有机结合，极大地促进学生的深度学习，他们可以随时随地通过移动互联网进入数字化的世界学习，课堂掌握不好的地方可以借助网络进行再次学习和反复学习。这也使人类从接受一次性教育走向终身学习成为可能。

（三）教学管理整合，创新教学评价

《高等学校商务英语专业本科教学质量国家标准》（以下简称《商英国标》）评价要求，商务英语专业本科教学评价应注重形成性与终结性相结合。网络使商务英语教学体系更加动态化，教与学不再限定于特定的时间、空间和对象。基于网络，教师批量建班、发布班级公告、班级任务、学习统计，教师可以查看全班和每一位学生的学习进度和正确率，如课前预习、任务完成情况和测试结果，进行移动管理，随时监督。如依托"学习通""雨课堂"等网络化的教学工具新增的课堂签到功能，教师再也不用浪费时间逐一点名，让旷课、代签无所遁形。借助网络信息技术，教学评价多维度收集信息，学生成绩测评不再依靠单一纸质考试成绩。考核评价除了注重知识层面，更注重对学生的能力、情感、价值观和责任感的考量，教学评价导向清晰，标准明确，对学生未来的发展起到很好的提示、督促和引导作用。

第三节　商务英语教学模式研究分析

当前，我国的国际交流活动已涉及贸易、运输、基建、金融、电商、能源、旅游、法律、科技、文化等合作领域，因此，培养"专业知识＋外语技能＋文化素养"的复合型人才是外语教育顺应时代发展的必然趋势。新型商务英语人才成为新时代和各大企业的新宠。如何培养出真正国际化、复合性、应用性的人才，是摆在高校商务英语专业教师面前的一大挑战。本节主要介绍新时代背景下，中国经济的高速发展为商务英语教学带来的机遇与挑战，并在此基础上介绍几种科学、高效的商务英语教学新模式。

一、新时代中国发展为商务英语教学带来的机遇与挑战

随着我国与世界的国际交往日益增强，既具有业务专长又精通外语的复合型人才，将成为推动我国与世界深度交融的中坚力量。根据《商英国标》，只有培养出国际化、复合性、应用性的外语人才，才能满足我国经济对外开放的需求。目前，国内已有 300 多所高校开设商务英语专业，但该专业在国内自诞生到发展至今不足 15 年，又因商务英语学科是英语和国际商务交叉产生的新学科，学科本身挑战度较大，涵盖面广，对教师的教和学生的学要求较高，而当前高校的商务英语教学模式并未探索出一条真正能培养出兼具语言和商务能力的复合型人才的道路，当前传统的教学模式难以满足目前劳动力市场的需求。

当前的教学模式难以达成《商英国标》制定的教学目标，这主要源于三大挑战。

（1）人才培养目标的达成。随着我国一些企业对沿线国家企业的投资和并购、贸易和工程承包，合格的跨国经营管理人才、国际投资管理人才和国际经济法律人才成为急需人才资源，如何培养出国际化、复合性、应用性的外语人才，是广大商务英语专业教师需要迫切思考的问题。

（2）高质量的师资队伍建设。从职称、研究方向、专业学术与实践能力等方面分析可以发现，大多数的商务英语专业教师均为讲师或助教；教师们的研究方向也不统一，研究生专业为商务英语的教师极少，大部分教师基于现实要求直到上岗时才开始自学商务英语知识。虽然部分商务英语专业教师的教学已获得学生的肯定与好评，但大部分教师在教研方面呈现出"教一门学科，研究另一门学科"的低效率科研模式，最终导致教学水平上不去、科研工作脱离实际的现象。此外，

大部分商务英语教师的专业实践集中在会议、研讨会和科研项目方面，很少参与到专业教学比赛、企业挂职活动，然而大量的输入性培训不一定保证高质量的教学产出。

（3）来自复合型专业教学的挑战。目前，大部分的商务英语专业教师对于培养什么样的学生和怎样培养学生仍没有清楚的概念，没有辨清大学四个年级的教学有何不同。有的教师甚至因为自己擅长教授语言基础知识，而仅仅只将灌输语言知识作为教学内容，有的教师则忽略了商务英语专业学生作为外语人才的本质属性，忽略培养学生的听、说、读、写、译基本技能，而一味地强调灌输商务专业知识的重要性，往往会造成学生毕业时既没有夯实的语言基本功，又未能获得对商务专业领域的透彻理解。

二、当前商务英语教学模式存在的主要问题

（一）教学目的难以统一

全新的经济时代下，中国经济还将持续发展下去，国际化道路也刚刚起步，未来国家和企业对于国际贸易领域的要求还将会越来越高。为了适应国家贸易的需要，高校仍需关注具有国际视野的高端复合型、应用型商务人才的培养。但就目前的情况来说，很多高校仍然无法平衡其中的关系，很多高校教师仍然沉浸在原有的传统英语教学中，对于国际化发展趋势和经济环境缺乏清晰而深刻的认知，对于本专业人才培养的最终目的尚且不够清晰，无法把控自己的教学着力点。商务英语教学既要抓好英语语言知识教学，提升学生听说读写的基本水平，也要把牢专业学习者在商务英语范畴内的各项综合水平。基于这样的教学目的，商务英语专业教学的模式就至关重要，教育的目的绝不在于培养一个机械式搬套的机器，而在于在保留个人特色的同时，满足社会经济对于个人专业素养的需求。如何满足商务英语专业学习者对于全面发展自身的迫切需要，是本专业教育工作者目前正待思考的重中之重。

（二）高质量教科书、教材不足

商务英语作为高复合型的跨学科专业，有着其特殊的专业性。因此，在进行相关课程的教学时，应该尽可能地选择全英文或者是中英混合的教学模式。特别是在向学生教授国际商务知识的时候，更需要将商务知识和语言技能有机地结合起来，传授给学生专业的商务英语词汇和商务英语用语，从而让学生真正地掌握

商务英语实践能力。但目前来讲，市场上存在的有效、高质量的实用型教材很少，大部分商务英语教材还很难同时兼顾两者。并且，大多数教材中所阐述的理论、所举的示例等，都不够新颖，很难符合目前国际经济瞬息万变、国家贸易动态日新月异的变化形势，还不能满足学生扩展视野、立足国际的整体目标。

三、新时代改革商务英语教学模式的建议

（一）确立统一的教学标准

就目前国际金融实际来看，商务英语专业学生应当具备专业的国际贸易沟通处理技能，在专注语言提升的同时，也应当积极发展个人商务交际水平，以达到能协调处理好各类国际贸易事务的整体水平。作为培养人才的摇篮，各个高校在树立本专业人才培养方向时，就应该首先联系国际、联系时代，从而确立好自己的教学标准，在整个国内商务英语领域达成一致。作为一门新兴学科，商务英语仍有它长远的探索之路，各高校之间更应当打破壁垒，沟通协调，商务英语专业才能未来可期。

（二）专注提升教师个人水平

教师作为知识的重要载体，作为信息与学习者之间的重要桥梁，本身应当具备够硬的技术本领。特别是商务英语这个具有国际前沿性的实用型专业，对于教师的要求就会更高。想要培养具有国际视野的复合型人才，教师就不应该故步自封，沉浸在原有的经验基础上，而应该始终保持走在世界前沿的国际化思维，与当下世界贸易形势接轨，只有这样，在进行教学的实际过程中，才能做到时效性与专业性的良性统一，帮助学生紧跟实际，发展和培养学生的国际化思维，提升学生处理实际问题的能力。

（三）合理利用教学资源

对比其他文本类、科研类专业，商务英语适应性更高、综合性更强。想要培养出更具专业素养，有良好社会竞争力的学生，就需要综合利用好已有的教学资源，同时积极创造机会，增加实践经验，提高个人处理问题的综合能力。高校之间可以建立良好的合作交流项目，也可以和一些国际化企业之间建立合作。为学生提供具有实操性的实习实训条件，帮助学生在学习期间形成专业化意识，确立好自己的学习方向，更好地理解本专业学习的最终目的和人才输出标准。这也能更好地帮助确立任务型、课题型等具有实操性的商务英语教学新模式。

四、新时代商务英语教学新模式

（一）BOPPPS 模式

BOPPPS 模型源于加拿大，是一种教师开展课前教学设计、组织课中课堂教学和课后拓展的有效方法。它将一个完整的课堂教学过程划分为六个相互关联、前后呼应的环节（表 4-3-1）：B（bridge-in）——课堂引入、O（objective）——教学目标、P（pre-assessment）——课堂前测、P（participatory learning）——参与式学习、P（post-assessment）——课堂后测、S（summary）——课堂小结。以上六个环节的英文首字母连在一起即构成了 BOPPPS 模型的英文缩写。

表 4-3-1　BOPPPS 教学模式的六个步骤

步骤	步骤要素	教学要素
1.bridge-in	导入阶段，调动兴趣	why and what to learn
2.objective	目标阶段，明确目的	what and how to learn
3.pre-test	前测阶段，心中有数	what to know
4.participatory learning	参与学习，激发兴趣	what and how
5.post-test	后测阶段，检查成效	how well
6.summary	总结阶段，承前启后	conclusion and prediction

这六个环节的主要任务如下：

（1）B（bridge-in）：好的开始是成功的一半，而课堂引入是新一轮学习周期的开始。这一阶段的主要任务是通过将教学内容与学生的实际需求相关联，尽可能地吸引学生的注意力，引发学生的思考，激发学生的学习兴趣。

（2）O（objective）：教师在进行教学活动之前，应该确立清晰的教学目标，并根据学情调整教学的重难点。而通过教学目标的说明，学生能够明确在一节课或该课程完成时需要掌握的内容及预期的学习效果，便于学生掌握学习的重点。当然，在实际的教学过程中，教师应尽量使教学目标具体化、可执行且可测量。

（3）P（pre-assessment）：通过前测了解学生的情况，包括他们的兴趣，以及他们在课程开始前已掌握的内容及能力，调整授课内容，以保证学生更好地适应学习的深度和进度。前测既可以在课前进行，也可以在课堂上进行，其方式多种多样，但一般来说，开放式问题更能够使教师进行学情的评价。

（4）P（participatory Learning）：参与式学习，这是整个教学过程中最为重要的一环，在教师的指导下，学生以多种方式参与教学全过程，从而掌握知识，提高自主学习及独立思考的意识和能力。

（5）P（post-assessment）：后测，即通过各种方式对学生在课堂完成时的掌握情况进行有针对性的检测或评估，了解教学目标的完成情况。学生也可以通过后测了解自身的学习成效。不同的情景可采取不同的方式进行后测，而后测的结果也可帮助教师反思、优化之后的教学。

（6）S（summary）：总结知识点，帮助学生整理、回顾学习的内容。

从以上六个任务可以看出，与传统教学模式相比，BOPPPS 模型更注重学生的主体地位和教师的引导作用，是实现高效课堂教学、强化教学效果的有效途径。

基于 BOPPPS 设计课堂时，首先，教师应认识到商务英语阅读教学是一个创造性的输出过程，浓缩了分析篇章主旨大意、篇章结构、作者写作意图及思路的具体步骤。其次，教师需要反复熟悉并整合教材，提炼出适合课堂教学的内容。在具体课堂教学中，教师可以根据实际情况分级安排课堂活动，围绕某一商务话题引导学生展开讨论，并借此讲解涉及的词汇知识、语法结构和修辞用法等，对语言知识进行商务层面上的拓展讲解。

根据 BOPPPS 教学模型，教师可将授课过程拆分为三大部分：课前、课中、课后。下面以商务英语阅读为例，阐述 BOPPPS 教学模式的构建和运用过程。

（1）导入阶段，调动兴趣

导入环节中，教师采用合适的教学手段激发学生的学习兴趣。导入方式可以是一个短视频、一则新闻、一篇演讲、一首歌或者一个故事等。信息化大数据环境下有海量的资源可以使用，教师可根据授课内容收集相关英文材料，通过视频、阅读、头脑风暴等方式吸引学生的注意力，也可以引导学生搜索、阅读有关信息，作为课前预习作业的一部分，为课堂活动设计做准备。

针对"A Surge in Online Ads"这一课，教师可以用几个经典广告作为导入内容。例如，2020 年疫情防控期间实行"停课不停学"的网上教学模式，教师可以在课堂上给学生呈现一些培训机构如"学而思""猿辅导"等发布的广告用语，并分析广告语言的魅力，激发他们的学习兴趣。班级微信学习群需要充分利用，教师可在课前让学生搜集不同领域的经典广告，加强学生对广告的认知。

（2）目标阶段，明确目的

导入之后，教师需明确告知学生这堂课他们需要达到什么教学目标，具体可以细分为知识目标、能力目标和素养目标。教学不是简单地传授知识，学生的情感态度、价值观、技能学习都是教学目标的一部分。如表 4-3-2 所示，表中内容是"A Surge in Online Ads"一课的目标清单。

表 4-3-2　"A Surge in Online Ads" 目标清单

目标	内容
知识目标	熟悉广告用语的篇章结构、词汇特点、句法特征及文体色彩
能力目标	能读懂中英文广告语，区分直接广告和间接广告
素养目标	能够品读不同领域广告的魅力，并与实际生活相结合

（3）前测阶段，心中有数

通过前测阶段，教师不仅能了解学生的预习情况和错误修正情况，还能根据测试结果及时调整授课内容。前测也被称为"进门测"，测试形式包括选择题、问答题、填空题和归纳总结等。"A Surge in Online Ads"课的前测采用了单选题形式。如表 4-3-3 所示，表中内容为本课的前测清单。

表 4-3-3　前测清单

No.	Questions	Answers
1.	In advertising, commercial messages are often delivered to the public____.	A.personally B.impersonally C.directly　D.indirectly
2.	Primary−demand advertising is designed to ____.	A.sell a particular brand of product B.promote a firm's name C.increase sales for certain products without giving information about particular brands D.increase the demand for important advertising
3.	Primary−demand advertising is usually financed by ____.	A.individual retailers B.individual manufacturers C.a particular advertising agent D.a particular marketing cooperative
4.	We might safely infer that local merchants and small firms do not often use national television advertising, simply because ____.	A.they can't afford the urge costs B.it will not bring them the profit in proportion to their advertising expenses C.it does not cover the whole market D.radio advertising can reach a wider audience
5.	Which of the following doesn't belong to direct−action advertising?	A.This is Nestle Coffee Music Hour B.Our product is more durable than Whirlpool's C.Ours is sugar−free! D.Cotton is a better material than nylon for T−shirts

上述 5 个选择题涉及了广告的原因、目的和受众对象等信息，预习时可以让学生关注广告中的 primary-demand advertising 和 direct-action advertising 等不常用的广告术语，并要求学生在预习课文时关注广告其他方面的细节，以及全球知名广告商。

（4）参与学习，激发兴趣

BOPPPS 将课堂拆解为六大步骤，参与学习是主要步骤，它强调学生在课堂中的"主体"地位，这正是它与传统课堂教学设计的根本区别。参与式学习的展开方式可以多样化，如小组讨论、广告表演、广告配音等，让学生积极参与到课堂中，深入思考，掌握课文的主要内容，探讨广告的不同表现形式。教师可创造一个轻松、活泼的学习环境，不必拘泥于课本知识，可以根据实际需求提前在网络平台上挑选适合的教学资源，并调整课堂活动，引导学生从被动学习向主动学习转变。

"A Surge in Online Ads" 共 14 个段落，680 个英文单词，文章第一段就引入 "Sarmady Communications" 作为实例，引出 online advertising，并列举出广告花销的具体数额，以及线上广告在其他国家的发展情况。在课堂教学中，教师可以从具体案例讲解出发，让学生领略各种广告的语言魅力。讲授课文时，教师既讲授词汇知识、语法结构和修辞用法，又讲授略读、精读等阅读技巧。这种既有实践演练又有理论知识讲解的课堂设计，不仅能让学生在学习商务英语知识时感受到很多乐趣，而且还能丰富他们的内容体验。如此一来，学生的商务英语阅读综合技能和跨文化交际能力均能得到较大提高。

（5）后测阶段，检查成效

课程结束前十五分钟，对学生进行 BOPPPS 中的后测，及时检查学生是否达到了教学目标（知识、能力和素养）。后测阶段可以通过互动讨论、口头汇报等形式进行。例如，本课后测向学生抛出两个问题。Question 1: Which do you prefer, Microsoft 's MSN or Tencent's QQ? And why? Question 2: Do you think China is a mature market in terms of online ads? 开放式的问答题没有固定答案，要求学生基于对课文的理解自由发挥，培养学生的合作学习能力、沟通协调能力和语言综合运用能力。学生可以联系实际生活对既定话题进行深度思考，并采用小组合作方式讨论得出问题的答案。这种"开放式问答"后测也可视为基于某一商务文本阅读的"深度学习"，能够培养学生的批判性思维和创造性思维。

（6）总结阶段，承前启后

BOPPPS 教学模式中的最后一步是总结课堂内容，安排延伸学习（课后作业、课外阅读），预告下次课的教学内容。换言之，它既总结了本堂课程的内容，也引入了下堂课的内容。课后，教师鼓励学生多阅读关于金融时事的英语报刊。英语报刊上的时事新闻，可以为商务英语专业学生提供补充素材，也可以为设计教学活动提供元素。现在可供学生自学使用的 App 很多，教师需要给予一定的指导和监督，禁止学生一个学期使用固定的 App 打卡，建议其使用多种 App 打卡方式，并将打卡情况计入过程性评价。一方面，充分发挥学生的主观能动性；另一方面，让学生在实际使用中选择最适合自己的 App。

综上，BOPPPS 模式的六个步骤相互渗透、相互影响，是一个动态循环过程。由于每个单元内容的差异和课堂时间的限制，六个步骤并不能都得到充分展示。设计课堂活动时，教师需要融入 BOPPPS 六个步骤的内容讲解，充分调动学生的积极性，这是实现教学反馈最关键的环节。课后，教师要引导学生进行经济类报刊阅读，在此过程中，教师变"教"为"导"，着重培养学生的自主学习能力和跨文化商务沟通能力。

构建和实施基于 BOPPPS 模型的商务英语教学模式，通过将 BOPPPS 教学模式课前、课中、课后三个阶段的紧密连接，可以最大限度地满足学生们的学习需求，整个教学过程中学生们的实时反馈和教师对教学内容的及时调整，充分体现了该教学模式的专业性、定制性及可改进性，同时对教学效果、教学效率和教学质量的提高也起到了保障作用。总之，BOPPPS 模型是一种以学生为中心、先进的有效的教学模式，适用范围广，将其应用到商务英语课程教学中，能够革新传统的教学模式，通过六个环节充分调动学生的学习积极性和参与度，提高课堂学习效率，在教师的指导下进一步发展学生的自主学习能力和问题解决能力。需要注意的是，虽然 BOPPPS 模型为商务英语课堂教学模式的改进提供了借鉴，但其六个环节应根据教学目标和授课内容进行灵活设计，有所调整和删减，避免陷入教学形式化的误区。

（二）翻转课堂教学模式

1. 翻转课堂概述

翻转课堂是在网络、移动学习平台、物联网等信息技术的支持下，将传统课堂教学中的知识讲解环节转移到课堂外，由学生利用教材、微课、视频、图片等教学资源进行自主学习，掌握课堂知识，课堂上则主要通过教师组织学生合作探讨，对知识进行拓展和运用，同时侧重培养学生的学习能力、协作能力和创新能力。翻转课堂强调学生在自主学习的基础上交流互助学习。通过这种新的学习模式，学生能使自己的疑惑更加清晰，课堂学习的任务更加明确，课堂教学的参与度和效率也会随之提升。因此，翻转课堂运用于商务英语人才培养，不仅有利于增强学生的自主学习能力，也有助于教师进行教学改革与创新。

2. 翻转课堂教学模式实施的可行性

为了消除传统商务英语人才培养模式中存在的弊端，在实施人才培养方案的过程中，应结合翻转课堂，从商务英语人才培养目标和学生实践技能培养两个方面论证其应用的可行性。

第一，凸显人才培养目标。将翻转课堂应用于商务英语人才培养模式中，不仅有助于促进学生实践技能的提高，而且也可以极大地提高教学效率，为人才培养目标的实现提供了新的途径。在这种新的教学模式中，教师利用互联网平台，预先制作不同类型的可视化教学视频，对课程中的重点和难点进行预先讲解。同时，有利于优化商务英语实践教学，降低商务英语人才培养成本。首先，它可以降低学生的学习成本。在企业实习可以让学生获得职位所需的专业技能。其次，它可以降低企业的成本。在实习结束后直接招聘优秀的学生，可以节省新员工培训的时间和成本。最后，它可以降低学校的教学成本。到企业实习可以减轻学校理论教学的工作量，从而降低教学成本。

第二，推动学生实践技能的培养。学生商业实践技能的培养需要高校对企业的需求和行业特点进行分析，这就意味着高校与企业有着紧密的联系。然而，很多高校与企业的关系并不紧密。商务英语实践教学以课堂教学为主，而教师却缺乏足够的商业实践知识。因此，在教学和实践之间存在着很大的差距。学生毕业后，只有在为用人单位工作了一段时间或接受了用人单位的专业培训后，才能胜任工作。因此，教师应该到企业工作一段时间，在实践中提高自己的业务能力。教师在了解企业运作和核心任务的基础上，能够设计合理的实践教学教案。教师应充分利用校内外的实习实训基地，为学生创造更多的实践机会，提高学生的商务实践能力和岗位适应能力。

第三，注重跨文化能力的培养。中西方不同的文化背景、风俗习惯等要求从事国际贸易的员工要具备较强的跨文化交际能力。在从事国际商务活动的过程中，要实现源语到目的语的文本转换，商务英语人才必须具备跨文化思维能力，以目的语为导向。由于文化的不同，交流可能会产生一些误解和麻烦。为了避免陷入这种困境，在商务英语专业课程教学中一定要重视学生跨文化交际能力的培养，通过模拟商务环境、商务谈判等来增强学生的跨文化意识。因此，教师可以结合翻转课堂，课前布置一些关于跨文化交际的视频案例，让学生在课前观看，小组展开讨论，课堂上教师通过答疑解惑让学生有一个更为深刻的认识。只有这样，学生在国际商务活动中才能实现有效沟通，跨文化交际能力才会提升。

3. 翻转课堂模式下商务英语教学的特点

（1）学习自主化

商务英语教学虽然本质上是基于商务贸易及对外商务服务等开展的教学工作，但在教学形式上大部分沿用传统教学机制，以专业教师为中心开展教学工作，未能将教育学习主导权放到学生手中，这在一定程度上导致学生学习兴趣匮乏及学习意识不足等问题，同时也使部分学生无法更好地弥补自身学习不足。翻转课堂教学模式下的英语商务教学，则以专业学生学习诉求为基本导向，通过由学生主导，使其掌握教育学习方向并给予其足够的自主学习空间，利用专业课程自主培养，使专业学生能在学习过程中不断自我完善，提高商务英语学习综合水平，使商务英语教学真正以专业学生为中心开展教育布局，突破传统教学模式在教育管理、教育实践等方面的基本局限性，为专业学生更好地参与商务英语学习实践夯实基础。

（2）教育多元化

长期以来，教育多元化始终是高校教育发展的重要目标，尤其对于商务英语教学而言，需要应对商务交流相对复杂的环境，保障教育多元化有效应用，能更好地基于现阶段商务英语教学工作，为未来阶段专业学生岗位就业提供切实的帮助。翻转课堂教学实践，在教育主体构架方面，改变了由教师直接主导教育的模式，使商务英语教学不再局限于基础教育框架，理论教学课程能朝着更多元的方向迈进，充分提升商务英语课程教学延展能力，为专业学生提升商务英语综合学习质量奠定坚实基础。除此之外，翻转课堂课程教学，能依据商务英语教学特征，对其适用环境的差异做出合理调整。例如，在商务书信及商务销售两个方面，翻转课堂教学可以采用教师教学辅助，学生学习实践策略开展规划，教师根据学生学习需求掌握学习进度，使处于不同学习水平的学生，能基于翻转课堂的学习对商务书信及商务销售英语内容进行区分，进一步提高专业学生的商务英语学习能力。

（3）实践系统化

当前阶段，商务英语教学多数基于分段教学方法予以实践，根据教学课程进度安排教学实践课程。从本质上来说，这一方式能在多个阶段对学生学习能力有针对性地进行强化，但由于部分院校商务英语课程安排不合理，相关课程体系教学周期相对较长,采用分段式教学实践可能使学生对前期阶段所学内容有所遗忘,不利于商务英语教学高质量的提高。翻转课堂教学模式能将多种不同教学实践方法融入现有教学体系,帮助学生更好地在不同教学实践模式下掌握多种学习技巧,并将这些技巧运用于教学实践课程内容体系化整合,实现商务英语课程教学系统化推进,使商务英语课程实践能在不同时期给予学生特殊的学习记忆,从而达到增强学生学习实践的目的,有效弥补商务英语教学实践的缺失。

4.翻转课堂在商务英语教学中的应用策略

在翻转课堂模式下,课堂教学是以解决问题为导向,以任务为中心的自上而下的课堂。教师应该开展以任务和解决问题为中心的教学,教师可以将任务分解成不同的教学目标,对于教学目标逐个击破。商务英语课程实现翻转课堂必须要依据网络平台和多媒体,极大地拓展教学空间和时间,以课前、课上、课后这三个时间段开展教学,全程以任务和问题为导向。翻转课堂模式商务英语课堂的应用策略主要包括以下四个方面。

(1)教学组织形式的翻转

翻转课堂主要以课前学习为重点,学生利用音视频和文本资源、教师课件、网络资源、图书馆资源进行课前的准备工作是十分重要的,学生有更多的时间提前自主选择自己感兴趣的知识进行深入拓展学习。采用翻转课堂教学模式上课,需要教师提前备好课,将课堂上需要用到的资料,通过音视频、文本等数字化的方式呈现出来,并将教学的重难点明确地呈现出来。然后给学生提供一些正确、高效的课前自主学习的方法和途径,这样能够确保课前学习的井然有序。

具体可以从以下几个方面入手:商务词汇的学习和掌握、相关专业背景知识的学习和拓展、文章内容的理解、重点段落的英译、文章大意的概括等。学生可以通过对教学平台数字化资源的学习、网络资源的搜集和归纳或者小组讨论等方式来完成任务并解决问题,逐步提高学生的合作能力和自主学习能力。课上教师也可以改变以教师讲授为主的授课模式,教师可以采用学生展示法、提问法、小组展示法等多种方式开展课上教学,让学生能够引领课堂,主动地去汲取自己所需要的知识,多样化的课堂不仅让学习更加轻松有趣,还让学生能够学到更多的知识。

(2)教学场地和时间的翻转

翻转课堂可以让学生有机会接触到更多的资源,在完成课前作业时,学生能够自主查阅更多的资料,还可以从网络和图书馆获取一手资料,为课上学习做好充足的准备工作。这样自由的学习方式，让学生不再只依赖于教师教授这一种渠道，培养了学生自主学习能力、搜集整理资料的能力、课堂展示能力、小组合作能力，既拓展了学生的专业眼界，也培养了学生的自主学习能力和阅读习惯。

（3）教师角色的翻转

翻转课堂改变了教师与学生的角色，学生成了课堂上的主要角色，教师成了课堂上的辅助者，帮助学生解决问题，引导学生进行独立的探索，并且根据学生提出的问题和合作探究的结果开展教学。学生成为课堂的主人。教师角色的改变还能够极大地缓解高校全能型教师资源匮乏的问题，通过教学相长提高整体教学水平。教学内容的扩展、教学组织方式的丰富、教师角色的转变，极大地激发了学生学习的积极性，让学生感受到了课堂学习的乐趣。

（4）课前、课上、课下联动翻转

课前，学生利用教学平台音视频、文本资源和教学课件开展自主学习，对于专业词汇、商务背景知识、阅读材料理解等进行自我输入。在课上教师通过让学生归纳总结或展示、对学生提问、让学生向老师提问等形式实现学习效果的展示或输出。课后教师引导学生参与课后讨论并对课堂学习内容进行反思，对课前和课上的学习内容进行整理。同时，教师引导学生进行相关主题的拓展阅读，检测学生同主题商务文本的词汇掌握情况，并逐步提高其同类文本的阅读能力，还要求学生撰写阅读笔记，帮助学习习惯较差的学生培养良好的英语阅读习惯。

5. 翻转课堂教学模式在商务英语中的实践

在课前，教师通过学习通，上传微课视频，布置相应的课前任务，任务一般为围绕单元话题的听力或阅读材料，形式有网上讨论、习题等，教师需在上课前查看学生的任务完成情况，并标记出学生完成任务时出现的共性问题。课前任务能帮助学生掌握话题相关词汇、句型，还能使其对相关商务知识有一个简要了解。除此之外，教师会告知小组展示的话题及要求（课上展示）。

在课堂上，教师首先会讲解课前任务中的重点及所标记的共性问题，并围绕课前任务中的话题进行拓展，一般介绍和补充与话题相关的商务知识。之后，教师组织学生进行口语练习，形式有情景对话、小组讨论、复述等。最后是小组展示，它通常将本单元的商务知识和与话题相关的词汇、句型及时事结合在一起，形式有采访、讲演、情景模拟等。在课后，教师和学生需要分别对小组展示的组员进行评价。

以《商务英语视听说教程2（学生用书）》unit 8为例，本单元的教学目标为

Learn to run an effective meeting。课前，教师的工作主要分为三个部分。第一部分是教学视频录制，讲解内容包括会议议程表的撰写、会议的完整流程，以及各会议流程涉及的英语表达。第二部分是围绕会议类型、会议流程等基本内容设置听力练习。视频和听力习题均上传至"学习通"平台。第三部分是发布小组展示的话题及要求。课堂上，首先，教师总结课前听力练习中出现的问题，对出现问题较多的题目进行再次复听和讲解。其次，进入小组展示环节（小组展示当天为国际导盲犬日），小组展示话题结合时事，即"山西太原交警扮盲人体验生活，带导盲犬上公交车被拒"。三个小组分别扮演公交车公司、媒体、策划公司，就这次事件召开内部会议。小组展示后教师给予一定的评价。最后，进行视听练习和口语操练，视听练习以具备完整流程的会议视听材料为基础，对真实的会议对话内容、会议成功的评判标准等进行视听练习，视听练习之后辅以相应的口语操练，包括小组讨论、复述大意等。

课后，收集全班学生对进行小组展示同学的评分表，教师也需对展示小组进行评分。

综上所述，翻转课堂模式下商务英语教学，将改变以专业教师为中心的教学模式，充分下放教学主导权，由专业学生掌握自主学习动向，使商务英语教学能基于学生学习诉求，更好地开展科学的教育规划，从更多元的角度进行专业教育工作，进一步弥补商务英语教学细节性不足，为商务英语教学高质量开展创造良好时代机遇。

（三）基于 SPOC 的混合式教学模式

1.SPOC 混合式教学模式概述

2013 年美国阿曼德·福克斯教授提出了小型的在线私有课程（small private online course，SPOC）。SPOC 秉承了慕课的教学设计和在线学习理念，它小众化和限制性准入的特点，有助于提升学生的学习参与度和互动性，赋予学生个性化的、完整的、深度的学习体验，更适合应用于在校的小规模班级教学。

SPOC 成本较低，能实现线上和线下，即课堂与在线教育的有机整合，能为学生提供深入的、完整的学习体验，激发学生参与感，打破传统课堂的束缚，给商务英语的改革创新带来巨大契机。基于 SPOC 构建商务英语混合式教学模式，需要充分理解 SPOC 的构建思想，从学生学情、教育资源现状、课程设置、企业需求等方面入手，构建混合式教学平台，对整个教学活动过程进行优化设计，采用科学、完善的评价方式进行评价，加强与企业工作实践的结合，形成符合商务英语教育特点的新型混合式教学模式。

2. 商务英语 SPOC 混合式教学模式的构建设计

（1）学生学情分析

构建 SPOC 混合教学模式时，首先要对学生的学情进行分析，使教学模式立足于学生学情，符合学生需要。如学生学习基础薄弱，学生学习能力与学习习惯相对较差，因此构建 SPOC 混合教学模式时，要考虑这些普遍特征，不能采用"一刀切"的方法进行教学模式的设计。这一点与传统的大课制教学模式不同，SPOC教学模式是针对性、小规模的教学模式，需要对学生设置限制性准入条件，这一准入条件主要集中在学生的学情。同时，学情是教学活动设计的基础，是教学资源开发应用的基础，是整个教学活动的基点，要对学生的学习积极性、学习能力、学习基础进行分析，考虑学生的兴趣爱好、在线学习能力、自主学习能力等。经过学情分析，将学情相似的学生进行分组，建立学习组。实践中，可以参考哈佛大学的"Copyright"课程，将学生分为少于 25 人的项目组进行团队学习。

（2）教学活动设计

专业能力是商务英语教育的核心，整个商务英语教育都围绕培养学生专业能力进行教学。SPOC 混合式教学模式也应围绕培养学生专业能力对教学活动进行设计。专业能力的培养需要学生在学习活动中将知识与实践结合起来，形成商务技能。因此，各学科知识之间的有机结合、线上线下的有机结合、知识学习与综合实训的结合，在教学活动设计时都应被充分考虑，使整个 SPOC 教学模式下的各个环节能形成有机成体，培养学生的综合专业能力。这就要求对传统的教学活动进行改革，包括课程内容的选择优化、课程逻辑结构的搭配、技能训练方式的整合、教学方法的互补等，而不是在传统教学活动的基础上添加线上学习，进行生搬硬套的混合式教学。只有将线上与线下整合，将多个学科进行整合，提升师生间的互动，提升学生的自主学习、自主认证空间，才能提高 SPOC 混合式教学模式的效能。

（3）教学资源开发

SPOC 混合式教学模式是小型在线课堂模式，教师不是课堂的主导者，而是整个教学过程的指导者和促进者。课前，教师需要进行教学资源的开发整合，包括各类线上资源和实体资源，而不是准备每一节课程的讲座。教师对课程资源进行开发整合后，学生在线上根据自己的需求和偏好进行自主学习，在课堂进行讨论交流，共同解决线上学习中遇到的问题，对知识进行融会贯通，形成综合专业技能。但实际应用中，教学资源的开发整合要注意灵活性和有效性，让各类资源围绕学生的基础特征和商务英语的培养需求，形成完善的体系，避免学生只是通过观看传统课程视频集来学习的现象出现。这就需要在 SPOC 教学平台的搭建、课程资源的选择搭配、教学环节的优化等多个方面进行考虑，从自主吸收到合作内化，建立起有机统一的课程资源体系。

（4）教学评价反馈

SPOC 混合式教学模式下，学生的自主学习占据了很大的比重，不同学生的学习进度、学习情况都会有明显差别。在整个教学模式下，学生的学习方式灵活多样，因此及时有效的评价反馈极为重要，是教师和学生调整学习过程的重点。商务英语 SPOC 混合式教学模式要建立有效的评价反馈体系，包括线上自学评价反馈、课堂交流合作评价反馈、课后作业评价反馈，最终形成及时、科学的形成性评价结果，让学生能清楚自己的学习效果。除了实时评价外，还有总结性的评价反馈，当学生完成阶段性学习活动后，还应有总结性的评价，对学生学习的阶段性成果进行结论性评价，验证学生学习情况。整个评价体系的建设，应简单、直观、真实、准确，保证评价的即时性、动态性，充分发挥评价体系对学生自主学习的纠正与促进作用。

3. 商务英语 SPOC 混合式教学模式的运用流程

（1）前期准备

根据商务英语的课程要求与学生的学习认知规律，课程建设应体现出两个模块：一个是理论体系构建，另一个就是实践环节构建，这是需要重点解决的问题。在线平台的理论体系构建，可以使用在线建课的方式，挑选一门精品在线课程，或者是教师使用自己的课件来进行构建，完成理论建课，给学生讲述相关的理论知识。理论在线课程的构建也应体现出商务情境特色，具体可以涵盖商务接待、商务交流、商务谈判、商务策略等子模块，让学生体验到商务活动的全部过程的运行情况，对相关子模块的要求、知识点进行学习。至于实践环节，主要包括技能训练，如听力、对话、翻译、商务公文写作、商务合同订立等。其中以听力交流能力训练为主，教师通过在线平台构建特定的商务情境环境，让学生在相对真实的环境中进行口语、交流、翻译训练，提升运用能力。在实践环节的体系构建中，各个子项目在线实践环节的内容应围绕着提升学生口语交流能力、加强对话训练的环节来开展，实践环节开始前、进行中、结束后都应加强口语素材训练，这就不能简单依靠教材中的内容，教师可以利用网络教学资源，如教学音频、商务交流视频、翻译对话强化训练等内容，最终提升学生的对话交流能力。

（2）授课过程分析

以商务英语翻译课为例，借助"职教云平台"介绍 SPOC 教学模式在商务英语教学中的运用情况。教师根据学生在课前对知识点的掌握情况，安排教学内容，设计课堂活动，对教学中的重难点逐个击破。职教云平台提供了丰富的课堂教学活动，不但可以签到统计学生到课情况，还能根据教学内容需要发起提问、讨论、测验、小组 PK、问卷调查、头脑风暴等活动，并且都可以通过手机完成操作。学生参与的各项活动平台都能客观公正地进行记录，而且平台上统计的成绩会作为学生的平时成绩，能督促学生参与到各项活动中来。教师在设置课堂活动时，坚持以学生为主体，通过平台上的各项活动让教学生动起来，避免了教师整堂课进行理论灌输的情况。对于翻译练习，可以在平台上发布讨论任务，让所有学生都能参与翻译，并且可以对其他同学的译文做出评价，这既能提高学生的积极性，也能让学生认真对待课堂练习，尽量翻译出自己的最好水平。同时，应多发布小组任务，让不同基础的学生通过小组练习互帮互助，共同提高。

（3）课后巩固答疑

由于越来越多的课程采取职教云平台教学模式，学生的课后任务也逐渐增多，过多的作业和课后练习让学生对线上学习的新鲜感开始消失。为了不让学生产生厌学情绪，在进行课后作业的布置时一定不能以量为主，要做到少而精，既要能帮助学生对课堂所学内容进行巩固，又要保持学生对课程的兴趣。比如，标识语翻译的作业就可以让学生寻找生活中的中英文标识语，对于有错误的标识语翻译进行更正，而翻译恰当的可以评价其用到了哪些方法和技巧等。此外，还可以利用职教云平台的线上互动功能。学生对不懂的问题在线提问，教师及时进行在线答疑，对提问多的学生给予平时成绩奖励，鼓励学生多问多学。

（4）教学评价

职教云平台能清楚地记录学生整个学期在本门课程中的参与情况，通过设置学生课件学习、课堂活动、作业、考试四个部分所占的百分比，很快就能算出学生在课堂的表现如何，从而得出平时成绩。这种评价结合了教师评价、学生评价、小组评价等，能使教学评价更加丰富，能科学地反映出学生的学习情况。因此，可以适当提高平时成绩的比例，以提高学生的课程参与度，使教学考核贯穿课程始终，让评价更加客观公正。

4. 后慕课时代 SPOC 混合式教学模式的应用策略

（1）做好课程结构创新工作

后慕课时代，在采用 SPOC 混合式教学模式开展商务英语课程教学的过程中，做好课程结构创新工作是前提条件。慕课是网络开放课程的一种，相比于传统的网络开放课程，慕课的规模更大，需要学习者在学习的过程中加强分享及写作，其不仅要求教师具有较高的教学水平，同时要求教学具有较高的开放度。要实现课程结构创新的目标，可将慕课教学模式与 SPOC 教学模式有机地结合到一起，加大经济学专业知识的教学力度，实现英语专业知识与经济学专业知识教学之间的充分融合，加强对学生的正向引导，实现学生综合素养的提升。

（2）教师需要及时转变自己的教学理念

商务英语课程教学中，要实现慕课教学模式和 SPOC 教学模式的有机结合，就需要教师主动转变自己的教学理念，合理利用现代技术，充分发挥现代社交媒体的积极作用，在实现整体教学效率提升的同时，使商务英语课程教学的整体质量得到改善。在此过程中，教师需要改变以往单纯讲解的教学模式，鼓励学生间加强交流与合作，在与本专业同学交流的基础上，通过 SPOC 教学平台为英语专业及经济学专业的全体同学搭建沟通的桥梁，一方面提升学生的英语专业能力，另一方面实现学生经济学专业素养的提升，在此基础上，为学生在学习过程中实现学科专业的融合打下良好的基础。要实现这一目标，就要在保证学生理论知识学习质量的基础之上，加大实践类课程在课程体系中的占比，全面培养学生的英语应用能力，确保学生在未来的发展过程中能够更好地适应现代经济社会的发展需要。

（3）加强学科之间的融合

从商务英语专业的未来发展前景来看，现代社会中，英语已经成为人与人之间交流的重要工具，商务英语专业学生在英语技能，以及英语理论知识方面的优势正在逐渐弱化，因此，要全面突出商务英语专业的学科特点，提高学生的经济学专业素养是基本前提。后慕课时代，在采用 SPOC 混合式教学模式组织教学活动的过程中，教师需要加强对这一问题的关注，鼓励学生在学习的过程中加强实践，充分发挥 SPOC 教学模式规模小、资源丰富的特点，使学生能够根据本专业的现实需要开展学习活动。与此同时，应充分利用 SPOC 教学模式对学生学习的辅助作用，实时解答学生在学习过程中的疑问，为学生在学习的过程中实现学科融合提供必要的导向资源，在此基础上，全面提升学生的学习水平。

商务英语教学是为了培养学生的综合性专业能力，其本身就是一项综合性、有机结合、需要融会贯通的工程。在商务英语教育中，SPOC 混合式教学模式，对将线上教学与课堂教学整合起来、将各学科整合起来，有着得天独厚的优势。同时，由于院校学生在学习基础、学习能力、学习习惯等方面的差异，构建 SPOC 混合式教学模式时要充分考虑学生的学情，围绕高校商务英语的人才培养目标，在教学活动设计、教学平台搭建、课程资源开发选择上进行优化整合，构建及时、有效的监督评价体系，切实保证 SPOC 教学模式的效能，避免流于形式，避免出现学生自主学习不足、影响教学效果的现象。

（四）移动学习模式

1. 移动学习模式概述

移动学习（m-learning）是继远程学习、电子学习（e-learning）之后的第三种学习方式，是一种新的学习方式，也是特殊的数字化学习方式，与传统 e-learning 相比，二者的共同特点是多媒体特性、交互性和体现学习者的中心地位。移动学习独特之处在于其更具有情境性、实时性，有更强的拥有感，更加随时随地。随着互联网的迅猛发展，以及移动学习理念的普及，商务英语人才的培养势必要结合时代发展。

调查发现，大部分学生在商务英语学习过程中都借助一定的移动学习设备，有一定的学习经验，而一个完整系统化的商务英语移动学习模式，将更加利于商务英语专业学生科学高效地学习。

2. 采用移动学习模式的意义

（1）为学生提供长期稳定且资源丰富的语言环境

这个语言环境不受时空的限制，学生可以在任何时间、任何地点利用任何设备开展语言学习，符合语言的习得理论和输入理论，有利于学生英语语言的学习和自然习得。

（2）有效降低学生学习的焦虑感

商务英语移动学习有效降低了学生语言学习过程中感受到的焦虑感，特别是有助于那些内敛、自尊心强、不敢大胆开口表达的学生在轻松自由、没有压力的环境下同老师和同学进行更多的互动和交流，从而促进其语言能力提升。

（3）弥补个性化学习的不足

在个性化学习中，学习者拥有较高的自主权，可以自行决定学习内容、把控学习进度、选择学习方式。商务英语是一项实践性和体验性的语言技能，而不同学生拥有的经验和基础水平也表现出差异性，因此不适合采用统一的教学方法，应采用个性化学习方法，否则很容易导致一些基础差的学生失去兴趣和动力。而移动学习正好能满足学生们开展个性化学习的要求，适合引入到高校商务英语教学中。

推动移动学习和个性化学习的结合，可以给予学生充分的自主权，助力其自主学习能力的培养，教师应基于学生的学习能力、兴趣及需求为其提供多样化的学习资源。同时，针对不同的个体，还应提供与之相适应的指导策略，遵循因材施教的原则。相应地，对于不同水平的学生，也应设置不同的学习要求，使他们能够真切地感受到学习取得的成果，从而获得成就感、巩固自信心。但需注意的是，移动教学的引入并不意味着将传统课堂教学抛弃，课堂作为教师授业解惑的重要场所，承担着知识传递、疑难解答、知识内化及迁移应用等方面的功能，同时课堂也是师生交流和分享经验的场所。如在商务英语听说课堂中，合理地采用问答、讨论、辩论等方式，可以使教师与学生体验到协作和沟通的乐趣，建立良好的师生关系。同时教师的良好言行举止也可以对学生产生潜移默化的良性影响，这些都是移动学习无法实现的。

3. 创新移动学习模式

"互联网＋"时代技术的急速发展和移动设备的普及，使得各种学习应用软件进入学生的生活。移动学习的应用程序越来越多地被高校的专业人员在各种环境中使用。教师利用多媒体和实训室进行教学，不但使学生更直观和清晰地认识抽象事物，而且可以让学生在仿真的环境中进行模拟实践。在学生差异性和学习需求个性化的基础上，为了适应时代的发展和满足学生的要求，高校应当不断探索更加积极有效的移动学习的教学模式和方式，展现个性化和自主学习的发展方向。

商务英语学习平台是移动学习系统中必不可少的一部分，移动学习教学模式的推广和应用离不开商务英语学习平台的应用。国内移动学习平台尚未完善，针对不同学科资料库的建设尚未健全。现在的商务英语学习平台主要有 QQ 和微信学习、相关网站和 App 在线学习。教师经常采用的是 QQ 和微信平台，通过建立QQ 群或者微信群，发布学习内容，上传相关的学习资料。这类移动教学工具能进行简单的学习任务发布、作业布置等。目前也有一部分专门针对商务英语学习的网站和 App，这些网站和 App 含有丰富的教学资源和在线测试题库，教师可以根据学生自身的实际情况，帮助他们制订合理的学习计划，同时跟踪他们的学习进度，提高教学效率和学习效率，同时把这些移动学习效果纳入教学考核中，形成全程评价体系。优质且符合学生实际的移动学习资源，能有效提高学生的学习积极性和效率，平台和资源库的建设需要大量的软硬件设备的支撑和技术支持。

移动学习的理论日趋成熟，成果呈线性增长。根据普赖斯定律，出现了学科发展阶段的转移，移动学习最终将深入各学科并呈现出学科差异性。为适应时代发展，商务英语学科势必要研究出适合该学科的移动学习模式及相应的移动学习资源环境。目前，商务英语学科在移动学习方面的研究不多，但随着学科教学与研究的深入，该领域的成果将使商务英语学科教学与学习进入更高层次阶段。

4.移动学习模式在商务英语教学中的应用

以商务英语听说课为例，移动学习模式比较常见的形式如下。

第一，将移动技术作为支持技术，即将移动技术和传统的听说教学相结合，对教学环境进行创新，调动学生的参与积极性，提高教学效果。将移动技术作为教学支持可以打通课内课外，使学生课内外学习活动形成有效衔接。

第二，进行课内外深层次整合。现阶段我国高校商务英语教学模式主要有课内教学和课外教学两种，多媒体和传统教学融合是现今课内教学最常见的方式，移动化学习则可以同时覆盖课内和课外。在课内利用移动终端对英语听说难点进行记录和查询。在课外，移动技术发挥的作用更加显著，可以支持自主学习，帮助学生们拓展知识面，强化学习深度。还可以和教师及其他学生进行实时在线交流互动，相互探讨。

第三，利用情境连通课堂内外。利用移动技术创设大学商务英语教学情境，推动教学活动的深入，在移动环境下，学生和教师们可以在互联网环境下通过服务器和网络接口实现移动终端设备的相互连接，实现移动化教学。

第四，监控和评估学习过程。大学生在自主学习网络学习资源的时候容易受到外部学习环境和其他网络资源的干扰，这对学生的抗干扰能力和自律能力提出了很高的要求，因此应当有效监控和评估其移动学习的过程。学生在移动学习过程中可以邀请外部提醒监控，利用教师、班级同学、学习伙伴或是父母的移动终端工具定制提醒功能，在学习一段时间后进行及时的评估和总结学习情况，并调整学习计划甚至是学习目标。

基于移动学习模式的商务英语听说课教学设计主要分为三大阶段。

（1）在课堂准备阶段

学生可以通过移动设备进行预先学习，提前接触课堂中需要学习的知识信息，熟悉其重点、要点，为课堂教学奠定基础。在该阶段，教师的任务是根据课堂教学主体对相关知识资料进行采集整理，并通过移动平台发送给学生。学生的任务则是对教师提供的资料进行学习。为了提高教学的针对性，教师所收集的学习资料应与英语听说紧密相关，如英语新闻、英语电影片段等，这类资料比干巴巴的文字材料更容易激发学生的学习兴趣。学生要将预习效果通过移动教学平台及时反馈到教师处，使教师了解学生对学习资料的把握程度，据此对课堂教学设计进行优化。

（2）在课内教学阶段

可以利用移动技术对英语听说知识资料进行整合，根据学生实际情况借助多媒体技术创建教学情境，使教学呈现方式变得更加生动、灵活。在教学过程中，教师应根据学生的学习情况适当的使用移动设备，提高教学效果。教师应始终将学生摆放在教学核心位置，以学生的需求为基准，根据移动技术和多媒体技术的特点，通过智能手机、iPad 等终端设备向学生传输学习素材，利用互联网进行词汇查询、课堂录音、原文跟读等活动，根据教学软件反馈的数据了解学生的学习情况，把握难点，针对性地进行指导。

（3）课后拓展阶段

教师和学生通过移动终端，以及移动教学平台进行连接，进行深层次的拓展认知和演练，加深对语言知识的理解。大学听说教学的目标是培养学生的语言综合能力。基于移动技术，教师对学生进行课后指导，针对性的布置课后练习任务，通过移动平台跟踪观察学生的完成情况。移动技术可以为学生创建无缝的学习空间，通过信息查任务、集体决策任务等形式进行信息分解，基于听说联系完成信息沟通，实现共同提升。移动终端设备所具有的录音功能可以帮助学生对关键部分进行记录。

5. 基于微信的移动学习模式

（1）微信介绍

微信是 2011 年腾讯推出的一款面向终端用户的智能化、简单化、便捷化、即时性的通信软件，微信给用户提供聊天、朋友圈、微信收支转账、公众号平台、微信小程序，以及与日常生活信息相关的服务生活缴费、社会服务、外卖、打车、酒店、网购等功能，微信软件功能辐射面广，几乎覆盖了人们日常生活的方方面面。对于大学生来说微信是进行日常生活、学习、社交等非常重要的工具，微信给大学生学习英语提供了多元化的学习方式，也给英语教师提供了全面化教学的可能性。

（2）把握微信与移动学习模式结合的度

任何事物都有两面性，主要看主体对象如何去运用，所以一定要掌握好"度"。移动课堂在大学英语教学的"度"应该如何去掌握，是学生与教师都应该思考的问题。教师在教学中是以移动课堂为主还是以线下课堂教学为主，线上与线下教学如何平衡，它们就像是跷跷板两端的玩家，一端的人使劲往下压，另一端的玩家就会被跷得更高。所以线下与线上的平衡或倾斜，需要教师根据自身的教学，结合学生的实际情况把握微信在商务英语专业的各门课堂中的渗透力度。微信对教师课堂作用的定位是辅助功能，教师依然以线下课堂教学为主，微信作为辅助工具，可以更好地服务于课堂教学，解决课堂未解决的问题。教师利用微信丰富课堂、管理课堂。例如，要求学生上传上英语课的短视频，只能课间操作；在教师课堂教学中学生应该认真听讲，在下课前留一道问题，让学习课后在微信群中回复，帮助教师督促学生认真听课。

学生在运用微信进行学习时，也要把握住微信在学习中的"度"，做好微信在学习中的定位。微信是一种辅助学生更好地学习英语的学习工具，学生还是要通过自身的努力提高英语读写听的水平，找准自己学习英语的定位，既要通过应试考试，也能将所学的英语知识运用于实践。英语是用于交流、学习、工作的语言，要让其发挥自身的特点。微信对学生在实践中更好地应用英语提供帮助，就像幼儿牙牙学语一样，刚开始口齿不清，主要是模仿身边人说话。英语交流同样也是刚开始可以借助微信等网络信息软件帮助自己更好地表达，随后一步一步形成自己的英语语境。所以学生在学习英语中应合理运用微信，使其发挥正向作用。

（3）微信公众号支持下的商务英语移动学习模式的应用

①前期分析

第一，学生分析。教学对象为商务英语专业二年级学生，具有较为扎实的商务英语听、说、读、写、译等语言知识与技能，掌握外贸业务流程、单证跟单、跨境电商等商务基础知识，掌握一定自主学习方法，具有较强的认知能力。

第二，环境分析。学生都有智能手机，学校建有专门的外贸业务流程、单证跟单、商务谈判、跨境电商实等实训室，购有进出口业务流程、外贸单证跟单、互联网＋国际贸易、商务英语函电等实训软件。理论学习利用智慧职教商务英语函电慕课资源，实操使用相关实训软件。

第三，目标分析。掌握建立业务关系信函写作技巧；能在实际工作中根据工作任务要求，快速成功地撰写准确得体的建立业务关系信函；培养学生团队合作精神、保守商业秘密意识、良好的服务态度。

第四，内容分析。了解建立业务关系信函的定义、类型、功能和格式；掌握建立业务关系信函中常用的词语、短语、句型等；掌握建立业务关系信函写作技巧、注意事项及相关拓展知识。

②活动设计。

第一，课前自学。课前，教师基于微信公众号平台，向学生发送学习目标、重点难点、视频微课、学习讲义、配套练习、自测试题，给学生推送学习任务及内容，如建立业务关系信函的定义、类型、功能和格式；建立业务关系信函中常用的词语、短语、句型。教师借助微信公众号平台向学生推送课程资源、预习任务，管理、监督、了解学生预习进度。学生基于微信公众号平台和课程链接资源，在线自主学习或通过小组合作完成自学任务。必须指出的是，受微信公众号平台限制，学习任务应以概念性、陈述性知识为主，配套练习、自测试题不宜设计以动手为主的实操性任务。

第二，课中教学。课中教学活动主要包括三方面内容。

答疑解惑。教师通过微信公众号后台查阅学生自学学习轨迹，结合学生自学任务完成情况，以及学生提出的问题，集中有针对性地进行解答。

内容讲解。借助计算机、投影及网络课程资源，向学生讲授如下内容：分析建立业务关系信函结构、内容及信函各部分的写法；归纳建立业务关系信函常用的词语、短语、句型。

练习实操。通过投影或微信公众号平台，向学生推送练习题和实操任务，检查学生学习情况，培养学生在国际商务环境下建立业务关系信函的实际写作能力。具体如下：建立业务关系信函短语、句子、篇章中英互译练习；模拟实际工作情境，完成建立业务关系信函情景写作及实训任务。教师借助电脑、投影、网络等解答学生问题，讲授课程内容。学生借助电脑、投影、微信公众号平台进行线下自主学习，小组合作完成练习题、实操任务。

此环节，教师应做到精讲多练，练习要以实操性任务为主，知识性学习任务为辅。同时，可充分发挥学生的积极性、主动性，培养他们的自主学习能力，部分环节鼓励学生讲授、操作、演示。

第三，课后巩固。基于微信公众号平台，教师向学生发送内容总结、知识拓展、能力训练、课后小测等巩固性学习资料。学生借助微信公众号平台，进行在线自主、合作学习，巩固所学内容。教师向学生发送课后巩固性学习任务，具体如下：建立业务关系信函课程知识总结；建立业务关系信函写作小贴士；课程讲义、课后小测等巩固性学习资料；客户开发途径、国际贸易主要结算货币、世界主要贸易港口等拓展性知识。学生借助微信公众平台，在线自主、合作学习课堂所学内容。此环节，要注意基础性与拓展性、理论知识与实操训练相结合。

③评价反馈

本环节以形成性评价为主，主要通过考查学生的课前预习任务完成情况、课堂参与程度综合表现，以及课后复习练习完成情况等对学生进行评价。同时，结合微信公众号平台的统计功能，了解学生在线学习时长、回答问题次数、各类课程资源使用情况、学习频率、小组合作表现、师生和生生互动情况等。评价以过程为主、结果为辅，以学生本人纵向对比为主、学生之间横向对比为辅，重在激发学生学习兴趣，鼓励学生积极主动学习。

（五）行动导向模式

1.行动导向的内涵

行动导向教学模式是由德国职业教育界提出的，它是指在整个课程教学中创造一种学与教互动的交往情境，强调学生应作为学习的行动主体，通过学习活动构建知识，形成由专业能力、方法能力、社会能力整合而成的行动能力，从而适应社会相应岗位的要求，进而达到学以致用的效果，提高学生学习商务英语的积极性及学习自主性。

行动导向教学法是以学生为中心的教学组织形式，强调让学生的所有感觉器官都参与到学习当中。商务英语教师在教学过程中采用该教学法，能够通过行为的引导促使学生提高对英语的学习兴趣，加深对知识的理解程度。

2.行动导向模式在商务英语教学中的运用

（1）实行本科导师管理制度

高校不应只对商务专业学生进行知识型授课。高校可以实行本科导师制度，学生在入学后选择导师，并且在日后的学习和生活过程中不断加强和导师之间的联系。随着导师和学生之间的联系逐渐增多，导师将会更加了解学生的学习需求，在指导学生时也将更加得心应手。

例如，对于商务英语专业的学生而言，他们从入校开始就和导师接触，这会使他们更快速地适应角色。导师也可以适当地将一些与商务英语相关的任务分配给学生。长此以往，商务英语专业学生会对自己的专业有更加清晰的定位和认知，从而为其今后的就业奠定良好的基础。

（2）合理设计学习任务，及时调整任务难度

学习任务的设计是与学生学习基础、学习经验和已具备的学习方法能力密切相关的，教师在设计学习活动时，忽视学生的能力水平会导致教学任务的失败。首先，教师应该通过课堂观察了解学生整体的学习状态，然后与学生进行密切的交流，及时从学生那里获取教学反馈，了解学生在每一学习阶段遇到的困难和问题，认真听取学生的意见和建议，并结合实际情况，及时地对教学活动和任务做出适当的调整。学生在学习初期，由于基础薄弱等问题，面对新的教学方法无法做到快速地适应和反应，教师应将学习任务细化，将学习任务难度适当地降低，逐步推进，不能过快，要给学生足够的时间思考和适应，逐步养成学生独立自主的学习习惯。在这一阶段，教师应做好充分的引导工作，让学生逐渐适应行动导向的学习方式，提高学生的课堂参与度。

（3）将传统教学方法合理引入行动导向教学

在任何阶段，学生的学习都需要教师进行一定的指导和支持，才能使学生收获良好的学习效果。学生对于学习方法的掌握是教师在进行指导时的一个依据。在教学过程中，无论是"教师主导"还是"学生主导"都不能过于绝对化。行动导向教学虽然强调学生独立完成学习任务，但并不意味着教师要完全放手，反而教师要给予学生充分的指导和支持。以学生为中心和教师的指导与把控不是完全对立的两个概念。因此要充分利用传统教学模式中的积极作用，将传统的教学方法合理适度地引入到行动导向教学中。教师既要给予学生行动与尝试的机会，又要进行必要的、合理的指导和帮助，使学生逐步养成独立学习的习惯。

（4）给予学生充分的实践机会和自主学习时间

行动导向教学法与传统教学方法有所不同，强调学生的独立自主性，这种独立自主性是相对于教师而言的。行动导向教学非常强调的一点是教师要给予学生充分的、尝试新的行动方式的实践空间和实践机会。这是教师培养学生独立学习能力，形成自我管理式的学习方式的基础条件。教师可以对教学活动和教学过程进行优化，在保证教学效率的同时，将学习任务分解，给学生尝试的机会。另外教师可以充分利用学生课下的学习时间，将学习任务融入学生的自主学习计划中，这样既能使学生有足够的机会和实践去参与行动，进行尝试，而且能够有效锻炼学生的自主学习能力。

　　为了迎合未来我国经济发展需求并且惠及多个国家，与世界接轨，商务英语人才的教学模式就必须接受新的挑战。真正国际化、复合型、应用型人才的培养需要高校进行教学模式的转变，依照国家相关政策调整和明确人才培养目标与规格，完善课程体系，提高商务英语专业教师队伍素养，以社会需求和学生发展为中心，精心挑选商务英语教学内容，创新教学策略，开发新教学渠道和方式，培养出符合时代要求的商务英语专业人才，更好地促进我国的经济发展。

第五章　商务英语教学体系

　　教学体系的构建围绕商务英语的教育背景、教学理念、教学目标、教学内容和教学手段，通过扩展教育资源、提升商务英语教学的实践性，大大提升了商务英语教学的水平，为培养高素质复合型人才提供了有效途径。本章主要围绕高校商务英语教学体系的构建展开论述，具体包括商务英语教学方法、商务英语教学实践和商务英语教学评价。

第一节　商务英语教学方法

一、基于微课的商务英语教学法

（一）微课的应用形式

　　微课是当前教育领域中一项非常有效的教学模式。它以教学视频为主体，根据教学课程的安排，每节微课都会有针对性地突出章节的重点、难点。相对于传统课堂，它对教学内容的整合更加精简，主题更加突出。它以学生为教学主体，将自主学习落实到每一位学生的身上，利用学生对知识的探索欲望进行有针对性的辅导。这样的教学形式是将学习由教师主动传授转变为学生自主学习，它更加注重的是学生对学习过程的体验。

　　1. 将微课应用于课堂之上

　　教师在对学生进行微课教学时，可以将微课作为课堂之上的补充和延展教学，在进行传统教学的同时，将某一个知识点通过微课的形式进行解释说明，并且还可以对一些重要的关键点进行剖析理解，让学生能够在面对重难点时换一种思维方式，改变传统的学习思路，进而提高知识的掌握程度。教师还可以通过微课对课堂上的知识进行补充和延伸教学，这样能够丰富学生的学习内容，提高知识掌握范围，通过丰富表现形式，将难以理解的知识点或概念不清的问题表达出来。教师利用微课能够改变传统单一的教学模式，在多种教学方式的影响下，会最大限度地激发学生的学习兴趣，很好地调动学生的学习积极性，让他们在微课的影响下提高学习效果。高校的英语教师，应对微课进行多方位、多角度的摸索，通过合理地设计教学，能够对整个英语课堂起到良好的促进作用。

2.将微课应用于课堂之外

微课的另一种表现形式就是运用于课堂之外，学生通过自主学习，将知识点进行巩固和升华。当教师将课堂上的重难点进行整合后，通过微课的形式进行再次巩固教学，学生可以利用自己的碎片时间，结合课堂上的学习，对英语进行再次强化吸收。利用课堂之外的学习方式能够很好地培养学生的自主学习能力，锻炼学生通过自我探索知识，增强自主学习意识，丰富高校学生的课后活动，让学生拥有一个更加舒适的学习方式。他们可以在任何时间、地点进行学习，这样的学习方式给他们创造了一定的自由空间，让他们能够在轻松、愉快的状态下进行知识的灌输。教师在日常教学中可以发现，很多学生在对英语知识的学习和应用上还是存在很大的难度，那么对学生进行相应的英语题型解答是非常有必要的。教师可以利用微课的形式将英语选择题、填空题及阅读题等利用网络技术，用更加灵活的表现方式进行传授，并且可以将生活中的真实案例作为教学依据，通过贴近生活的教学方式，更好地激发学生的学习兴趣，提升他们的英语学习效果。

（二）微课教学的特征

1.碎片化

微课的内容比较短，一般都在10分钟以内，因此碎片化是微课的主要特征。微课的碎片化特征对于高校英语学习有利也有弊。首先，碎片化的学习方式符合现阶段高校学生的要求。高校学生除了要学习商务英语课等通识课程，还要学习专业课，还要顾及社团活动，因此学生很难抽出大块的时间学习。比如，在高校商务英语阅读教学中会涉及"非限定性定语从句"的相关内容，该部分内容较多，虽然学生在高中学习过"非限定性定语从句"的相关内容，但是在高考结束后基本上已经忘得差不多了。因此学生可以运用碎片化的时间复习"非限定性定语从句"的相关内容，避免在课堂上读不懂文章。其次，微课的碎片化特征也存在着一定的弊端。碎片化学习是将一个大的知识点拆解为多个小的知识点，虽然碎片化学习能够帮助学生迅速地掌握重难点内容，但是不利于帮助学生形成系统性的英语思维。

2. 丰富化

微课的内容覆盖范围较广，不仅包含高校商务英语教材中的知识，同时还包括教材之外的内容，因此运用微课教学更符合大学生的学习需求。高校的商务英语课相对较少，一周只有 2 ~ 3 节，但是高校学生需要学习的英语内容比较多。如国外文化、国外语言习惯、英语发音等相关内容。但是由于授课时间较短，因此教师在课上只能给学生讲一些指导性的内容，然后将任务安排下去，让学生在课下自行学习。比如，在赏析《肖申克的救赎》这部电影时，学生就需要在课下观看《肖申克的救赎》，然后对电影中的情节、语言进行赏析。但是学生把握不好电影赏析技巧，因此要借助微课进行学习，了解电影赏析涉及哪些内容，需要从哪个角度出发对电影进行赏析。甚至有些微课还专门推出了《肖申克的救赎》电影赏析课，学生可以通过观看微课提升自己的赏析能力。此外，高校学生对未来的规划不同，因此对商务英语的学习需求也有所差异。有些学生想去外企工作或者是出国留学，所以对商务英语的要求比较高。但是有些学生想在国内发展，因此对商务英语学习的要求比较低。高校商务英语课堂主要是以大班教学为主，教师没有办法满足每一个学生对商务英语学习的需求，因此在教学过程中教师可以让学生通过微课寻找自己想要学习的内容，满足他们自身对商务英语学习的个性化需求。

3. 便捷化

首先，运用微课移动终端就可以学习。高校的学生基本上每一个人都有一部手机或者一台电脑，因此学生可以通过手机或电脑随时随地学习微课。微课的出现打破了时间、地点对学习的限制。

其次，学生运用微课可以进行远程学习。商务英语教师可以针对某个英语知识点录制微课，然后将微课内容发到学生的手机上。尤其是在疫情防控期间，高校都延迟开学，教师无法与学生见面，因此可以借助微课平台进行授课，让学生在家也可以学习英语。但是，微课的便捷化也会带来一定的弊端，有些学生认为教师会将学习内容发送到微课上，因此学生不重视教师的讲课内容，在听课过程中注意力不集中，甚至还出现逃课问题。

（三）整合商务英语微课资源

1. 微课资源库建设与整合的原则

（1）主体性原则

利用微课资源库，可以为学生提供个性化的教育服务，学生可以按照自己的意识进行学习，还可以依据学生的实际学习需求，为学生提供针对性的学习资源，促使学生在学习中不断反思自己的学习行为，有效地将知识进行理解和吸收。同时，还能够帮助学生在对不同课程的学习中，掌握不同的学习方式，充分发挥自身的主观能动性，达到学习目标。

（2）趣味性原则

在高校中，对于商务英语教学微课资源库的构建，必须遵守"趣味性"原则，只有在保证专业性的基础上，增强微课的趣味性，才能够吸引更多的学习者，激发学习者的兴趣，实现教学效率的提升。教师可以通过开放式的学习平台，实现丰富的视频、语音、动画等资源的共享，丰富商务英语微课的教学内容，进而提升微课教学的整体性和趣味性。

（3）实用性原则

实践教学是商务英语课的重要内容，同时也是实现微课教学实用性的基础，对于提升商务英语教学质量有着直接的影响。所以，在微课资源库构建的过程中，必须重视微课教学的实用性，确保能够提升学生实践水平。首先，在商务英语微课资源库的构建过程中，教师需要将微课资源上传至 MOOC 平台，针对英语教学的特点，对学生进行小组划分，并组织学生在课前学习视频内容并记笔记。其次，在上课时，教师针对学生预习中存在的问题，以及本课教学中的重难点，为学生进行针对性的讲解，并布置拓展学习任务，确保学生能够在课下将所学知识进行灵活运用。

2. 高校商务英语微课资源的构成

商务英语微课资源属于一个复杂的工程，所以在分析微课资源构成时，以高校商务英语课程选定的课本为基础，将课本资源按照资源性质，划分为文本和图片资源，整合商务英语资源与商务英语专业考试热点问题，根据资源性质将它们归档整理为一个特定类别的资料，结合网络技术归纳微课资源的电子档案，将不同学习班级作为一个研究整体，考虑到不同学生个体对英语的学习需求，采用"个性化"的表现形式设计英语微课资源。根据不同学期的英语教学任务，明确高校商务英语微课资源的构成，采用"6+1"的模式概括微课的资源构成：微教案、微课件、微反思、微点评、微反馈、微练习和微视频。

　　在商务英语资源微课构成的影响下，将主题为知识点的微视频作为资源核心，教师结合实际的教学进度，不断丰富视频内的素材，将微视频所对应的练习测评设置为高、中、低的等级水平，在不同的水平内设置不同的知识点练习，教师整合不同水平等级练习结果后，构建一个适用于商务英语教学班的教学反思模式，辅助微课资源承载平台的各项微功能，调整该主题微视频的教学方向。大学英语教师通过对英语学情和教材的分析，选取微视频的教学表达主题，确定可操作性强的微课教学目标后，设定实用性强的商务英语运用情境，激发学生对商务英语的学习兴趣。如此一来，也就将教学重点问题转化形成对应的课后练习，通过一种任务驱动的形式，培养学生自主发现问题的能力。根据学生阶段性的商务英语知识点课后反馈，调整微视频中知识点的侧重方向，重新编辑处理商务英语微视频。

　　3. 重构微课资源内容框架

　　在上述微课资源的构成影响下，教师结合自身的教学经验，以不同主题的英语知识面为分类标准，确定微课教学的教学方向。在该教学方向上，教研组结合商务英语知识点在实际应用中出现的频率，将其分析整理为一个重点与难点突出的教学内容，使用单独的章节突出教学内容的重点与难点，运用设计理论的三大构成框架结构，重构资源内容框架，以商务英语知识点作为理论指导，以学生对商务英语的实践能力作为检验，使用该框架结构对英语理论知识进行适当的融合，根据关联知识点的形式将框架归结为不同的类别，配合微课的不同表达形式，将商务英语理论与学生的实际应用能力相结合，构建全新内容框架。

　　然后，以内容框架中的核心内容作为微课教案脚本编写对象，采用动态的呈现方式体现商务英语的知识内容。以大学教师自身授课习惯作为参考标准，确定微课脚本的编辑顺序。教师以教学内容作为课程核心，结合自身的教学经验，创建符合学生学习状态的教学工作。为了增强微课的动态性，根据教师纸质教案的商务英语核心知识点的引导性，编写微视频的分镜编号，结合教学资源中的图片、视频资源，确定微视频的分镜内容，拟定英语交流实际情景，编写微视频中的分镜对白，针对不同分镜中的语境，配合英语教师对语境知识点的线下讲解，调整对应脚本在整个微视频中的时长。具体描述微课实际分镜中的英语脚本，按照一定的顺序组织脚本分镜头形成一个动态知识点解析过程，帮助学生更好地理解知识点。注重微视频内商务英语知识点间的连贯性，不仅要注重脚本之间的过渡，还要承接不同的商务英语资源内容，保证微视频的动态视觉连贯性。结合不同学生的学习特点，保证商务英语微视频整体画面的整洁，采用趣味性强的素材，吸引学生对微课程资源的兴趣。以上述重构的商务英语资源内容框架作为基础，辅助具体的教学工具，形成符合教学实际的教学方法。

（四）商务英语微课资源库建立的策略

1. 强化微课师资力量建设

在高校，对于商务英语教学微课资源库的构建，需要充足的力量作为支撑，而高校存在师资力量短缺的现象，这就影响了商务英语教改的实施。所以，在当下高校最主要的任务就是扩充师资队伍，当然这里的扩充师资，不仅指教师数量上的增加，更需要从提升青年教师的专业素养和技术水平出发。在高校中，青年教师作为高校未来的主要师资力量，具有精力旺盛、学习能力强、工作积极性高等特点，因此高校可以组织这些教师进行 MOOC 培训，使其在学习新的教学理念、教学方式的过程中，增强自身的创新意识，对商务英语教学进行创新优化，探索出新的微课教学思路和方法，为新时期高校商务英语教学的发展做出贡献。

2. 优化微课制作的软硬设备

在慕课背景之下，对于微课视频的制作，必须借助计算机技术及相关软件。在今时今日，高校已经普及网络，各个教室都已经配有多媒体设备，这满足了微课制作的硬件条件。同时在微课的制作过程中，可以使用手机、平板等设备进行微课录制及后期剪辑。在音频录制上，可以选择 camtasia studio，也可以聘请校外专业的人员参与微课的录制、剪辑等工作，并对校内的教师进行培训，提升教师的技术水平。

3. 组件微课制作与教学团队

在高校中，对于商务英语教学微课资源库的构建，涉及的领域比较多，英语专业、计算机专业更是首当其冲，所以组建团队才能够有效地解决构思、技术、专业等方面的问题。从授课教师的角度出发，需要先解决其技术方面的问题，才能使教师熟练地使用计算机设备录制自己构想的微课。从微课构思和设计的角度出发，可以动员学校经验丰富的老教师，为微课的构思和设计提供建议和思路，选择可行性强的建议。同时，还需要组建一个由英语青年授课教师、经验丰富老教师、计算机专业教师组成的团队，形成人才广泛的优质团队，实现微课制作的专业化、系统化。

（五）微课资源在商务英语教学中的运用

1. 利用微课资源提升课堂教学的有效性

在现代信息技术不断发展的背景下，高校商务英语课堂教学应当着眼于微课内容与课堂内容的结合，通过合理利用微课资源来加强微课教学的有效性，进而提升学生的商务英语能力和水平。因此，教师应当结合教材及商务英语课堂内容制定微课教学内容，无论是课前教材预习还是课后知识点复习，都能够通过微课有效提升学生学习的积极性及知识吸收率，进而提升学生学习的效率。微课教学与课堂教学的融合能够全面提升学生的商务英语能力，提升商务英语教学的有效性，培养国家需要的专业、高素质商务英语人才。

2. 依托校本在线开放课程或精品资源课实现资源共享

2013年11月中国教育学会、全国高等学校现代远程教育协作组、中国学习与发展联席会联合启动了全国微课程基础标准研讨会，并成立微课程资源共建共享联盟，"创新、合作、共赢、持续"已成为"互联网＋"时代微课资源建设的主题。微课单元制作好后可依托网上教学平台，与常规教案、试题库等其他资源一起，建成在线开放课程或精品资源共享课，为混合式教学模式提供平台和资源保障，不仅可以供学生在线学习，也可给社会人员自学提供支持，实现微课资源的共享。

3. 依托网络工具，拓展运用途径

随着互联网技术的迅速发展，QQ、微信等即时社交工具已在大学生中得到广泛应用，直播课堂也开始普及，尤其是在疫情防控期间，钉钉、腾讯课堂、QQ课堂等直播平台迅速发展，在直播过程中也可以将微课资源用于导入、讲授、作业等教学环节。另外，将直播课堂录制下来，经过后期编辑剪辑也可以成为很好的微课资源。

（六）微课视频在商务英语教学中的应用策略

1. 注重体现出多样化的微课教学形式

在高校英语教学工作开展的过程中，教师需要注重体现出多样化的微课教学形式。在进行具体教学的时候，教师借助手机完成视频的录制任务，接着精心制作PPT，为学生们制作短视频教学课件。尽管视频课件的时间很短，不过其中的内容却是教材的主要内容。

鉴于微课在教学开展的过程当中，缺少良好的互动性，师生间难以深入地沟通，影响了学生的英语学习效果。为此，教师需要采用多样化的微课教学形式，将其与其他不同类型的教学模式有效结合到一起。例如，教师在进行商务英语和交际英语相关课程内容讲解的过程中，把很多商务英语词汇融入微课教学当中，并且搜集和整理了很多商务谈判的视频，在课堂上为学生们进行播放，使其在观看以后，能够学会更多的商务谈判知识。除此之外，教师还需要运用小组合作探讨的形式，围绕"make a business negotiation"的主要内容，将学生划分成不同的小组，组织其实施谈判，熟练掌握相关英语知识。

2. 利用围绕导入故事吸引学生注意

学生往往因为课堂缺乏趣味性而不想去听课，那么教师该如何利用微课来创设相对应的故事情境呢？学生通常很好动，而且对故事也比较感兴趣，那么可以用微课去创造相对应的故事情境，通过教学故事，让学生感知到学习过程的快乐性，并且让学生逐步地探索其间的道理。通过这样的方式，能够让学生在学习的过程中进行探索，教师也可以把控学习进度。在制定学习内容的过程中，通过合理的安排及有效的控制，帮助学生系统地完成学习，并且以学生为中心去激发学生的兴趣，通过这样的方式也能够起到劳逸结合的效果。在上课之前，用微课教学让学生感知到知识点的趣味性，并且在教学环节的设置过程当中，可以设置出相对应的问题，让学生在观看完视频之后进行解答。

3. 以就业需求为导向优化微课教学内容

（1）明确就业目标，巩固理论知识根基

在以就业为前提的高校商务英语微课教学课堂中，需充分建立起就业层面的相关认知，明确大方向上的就业目标，再以此着手打造理论知识根基，并通过与实践应用相结合的形式致力于最终学习目标的达成。首先，教师应引导学生充分认识当前就业环境下的英语应用能力基本要求。如制作一版以相关企业人才招聘启事为主题的微课视频，视频中主要罗列出不同方向的企业对于人才英语应用能力的大致要求，使学生能够由此认识到在商务英语学习中结合就业需求的重要性，并根据对自身基础的审视来明确今后就业目标。其次，在明确自身就业目标的基础上，学生可以在课后的碎片化时间里，自行选择相应的微课视频资源进行巩固学习。

例如，目标岗位为外企翻译的学生，可以主要选择以中英文化差异、英汉翻译要点等主题为主的微课视频。另外，从高校商务英语专业的课程设置出发，尽可能地平衡"理论知识学习"与"实际应用训练"两类课程所占的比重，同时还需注意两类课程的有机结合，可以通过一节理论课程穿插一节应用训练课程的模式，来规避两者脱节的风险，这在巩固理论知识的前提下也有助于微课教学价值最大化地发挥。

（2）丰富教学方法，填补英语应用短板

微课教学所应用的教学方法是否丰富，将在很大程度上决定最终的教学成效。在基于就业需求的高校商务英语微课教学中，学生所面临的学习压力日益增长，商务英语应用层面的短板也更易突显，更需要以趣味性、多元性的教学方法加以中和调节。一般来说，情境代入法、游戏法、活动竞赛法等教学方法目前在高校商务英语教学课堂中较为多见，在微课教学中也可以通过沿用这类方法来提高教学过程的趣味性。在立足于就业需求的前提下，应用教学方法时可以代入职场环境，以实现商务英语微课教学与职场英语训练的无缝衔接。以情境代入法为例，教师首先可以通过微课视频播放一段以"面试"为主题的对话，学生观看视频后，根据自身对于面试过程的认知与理解，以小组为形式展开相应的对话训练，对话内容可自行发挥。例如，同一小组中，由 A 扮演面试官，由 B 扮演求职者，首先由 A 向 B 提出如下问题："What do you think is your competitive advantage? For example，the level of English." 再由 B 进行回答："I think my English level is basically in line with the requirements of your company. During my university years, I have practiced oral English expression, basic workplace language and other aspects of training, and have a good work place English conversation ability."通过这类对话过程，不仅能够对学生的临场商务英语应用能力进行突破性训练，也能够帮助学生及时厘清自身短板所在，对于他们就业前的英语应用积累可以起到高效的推动作用。

（3）开设微课平台，构建多元教学环境

线上系统化的微课平台能够为高校学生的商务英语学习提供一个完整的新型渠道，对于多元教学环境的构建也能够提供重要帮助。首先，校方可以在就业需求导向下，开设一套校内微课学习平台，平台中的教学资源多以视频形式呈现，内容包括各专业下的英语理论知识讲解、实践应用指导等，同时也包括不同就业需求的学生在走向就业岗位之后的商务英语技能训练，要致力于"职场英语"概念的全方位渗透。其次，在平台教学内容的设置上，应注意各章节、各板块的有序衔接，避免出现知识点断层等现象，防止学生在自主学习过程中遭遇理解上的困难。最后，可以在微课平台中开设相应的互动功能，即学生之间可以在平台上进行关于微课知识点的沟通与交流，教师也可以在平台上为学生答疑解惑，在拓宽学习空间的同时，也能够为学生在就业前形成自主学习能力、沟通交流能力起到一定铺垫作用。

微课教学是新时代的产物，我们通过微课进行商务英语教学，整体的教学效果还是相对较好的。微课的优势十分明显，它的表现形式更加直观、明白，并且对重点问题的剖析也非常好。微课可以利用学生的片段时间，对英语教学中的重难点进行定向解答，这样既可以让学生的学习时间更加灵活，又能够丰富学生的课余生活。但是目前我国运用微课教学的方式还没有得到完全普及，在制作微课教案上经验还不够丰富，所以还需要高校教师认真研究探讨，对微课进行进一步的探究。因此，教师要努力推广微课教学模式，提升教学水平，提高学生的学习积极性，应用多种教学方式提高大学生商务英语的整体学习效果。

二、多模态化教学方法

（一）多模态化教学法概述

多模态化教学方法是指让学生通过视觉、触觉、听觉、味觉和触觉这五种感官，实现师生、生生或者人机之间的互动。在高校商务英语教学过程中，教师需要提前将大量语言材料进行编辑处理，随后在课堂中利用现代化多媒体技术将教学内容传达给学生，学生通过观看视频课件，带来视觉、听觉等多器官的体验。在此过程中，学生通过师生互动、生生互动和人机互动的形式自主完成新课程的学习，从而实现一种多模态交替教学情境的构建。多模态教学资源由文字、视频、图像、声音等构成，在尊重学生个体之间差异性的基础上，满足学生不同的学习诉求。多模态化教学模式有助于增强学生对所学知识的记忆，主要体现在两个方面：一方面，多模态复合教学资源可以满足学生学习水平差异和个性化学习的需求，通过对学生各种感官的调动，提高学生课堂学习的参与度，同时针对学生不同的学习风格，为学生提供具有特色的课程资源，加深学生对知识的印象；另一方面，根据商务英语实际教学需求，合理转换各种模态，帮助学生建立有客观价值的英语知识认知体系。在传统商务英语教学中，课堂教学主要是进行知识的传授，学生通过课后实践，建立有客观价值的商务英语知识认知体系。然而在多模态化教学中，知识传授这一教学环节可以借助多媒体技术，让学生在课前完成自主学习。在课堂教学中，课堂成为师生、生生之间互动和讨论的主阵地，学生在课堂教学中完成知识认知体系的建立。因此，教师在制订线上学习多模态复合教学计划的过程中，要确保设计的教学内容具有针对性与合理性，同时还需要彰显内容结构的多元性与协调性，教学内容需以文字模态为主导。比如，教师在课前对所要学习课文的相关文化背景进行搜集，制作成 PPT 文字形式，同时还可以插入一些相关音频或者短视频，以此激发学生课前预习的积极性和主动性，同时在互动交流平台提出与课文主题相关的问题，鼓励学生用英文表达自己的观点，对问题进行讨论，为课堂深度互动作铺垫。为了拓展学生的知识认知层面，教师还可以鼓励学生将网络优质学习资源进行整合，完成课前自主学习，以便了解课堂学习任务。

（二）多模态化教学方法的运用原则

多模态教学方法在商务英语教学过程中的运用需要遵循以下基本原则。

一要明确教学目标。课堂上的一切教学活动都要围绕教学目标来进行，只有明确了商务英语每一节课具体的符合学生水平和能力的教学目标，才能切实提高学生的主题知识、语言技能和跨文化交际能力等。为了进一步明确教学目标，教师应把每节课的教学目标分解成若干个教学步骤中的微观目标，并对每一个教学步骤中的微观目标做到心中有数，设法使其通过一定的教学活动落到实处。教师通过明确教学目标进行讲授，同时利用学生实践来检验教学成果，才能真正实现每一节课的教学目标，进而实现商务英语教学的总目标，使学生真正学会使用语言，并提高学生各方面的能力。

二要精心组织教学内容。高校要培养"能够参与国际事务和国际竞争的国际化人才"，因此商务英语教学要以培养学生的商务英语应用能力为重点。为了提高学生在各方面的商务英语应用能力，教师在教学内容的设计中一定要注意几个结合：商务英语教学要与学生的专业学习相结合；与学生的日常生活相结合；与社会时事热点相结合。

三要灵活选择模态和模态组合。多模态理论认为，在一定的社会文化领域，相同的意义可以用不同的符号模态来表达，但语篇（教学内容）决定设计，为设计提供框架。换句话说，设计要以语篇为基础，设计要服从语篇，受限于语篇。在设计中要灵活运用各种模态，在不同的教学阶段为特定的教学内容选择合适的模态，以适应不同教学阶段和内容的需求。此外，设计并非是不同模态（图片、视频、音频等）的堆砌，不同教学阶段涉及的模态组合一定要主次分明，协调统一，相辅相成。要尽量使教学活动的模态结构配置表现为一种模态处于统治地位，以免分散学生注意力，影响教学效果。

四要注重课堂互动。多模态教学设计要以互动为本，以学生的学习为中心。

为了实现以教师为主导，学生为主体的教学理念，无论是教学内容和教学活动的组织安排，还是教学方法、教学手段和多模态资源的采用，都应强调互动性。课堂互动可以是老师与学生，学生与学生的互动，也可以是多媒体资源与学生的互动。课堂互动不仅可以激发和保持学生学习的积极性，也给学生创造了更多语言输出的机会，在提高学生的语言能力和交际能力的同时，培养了学生自主学习和合作学习的能力。

（三）基于网络平台运用多模态化教学方法

疫情防控期间，多模态智慧教育平台凭借多元智能特点——数字信息化、超文本化、交互创新性，成功打入教育领域，使得在线教学和学习变为现实。笔者尝试搭建了一套基于网络教学平台的商务英语多模态在线教学模式基本框架。

1. 教学目标

大学商务英语教学不管采取何种教学模式，终极教学目标都是努力实现商务语言技能的建构、文化知识的拓展、思辨能力的培养。

2. 教学过程

主要采用任务驱动型教学方法，包含课前、课中和课后三个阶段。基本思路：培养学生的思考意识与能力（文本学习），营造多观点的课堂互动环境帮助学生分析和判断、审视自我、付诸行动。

（1）课前

基于网络教学平台的多模态教学资源的提供和使用。课前针对预习提供多模态教学资源，包括文本类的预习作业、自学用的词汇、课文的音频、与话题相关的视频等。网络教学平台主要是钉钉群和中国大学 MOOC 平台。

（2）课中

基于多模态互动平台的线上课堂。疫情防控期间课中采取线上直播教学，互动平台主要是集文本、PPT、图片、语音、视频等多模态于一身的钉钉在线教学平台。鉴于线上学习注意力周期缩短的特点，教学内容调整为课堂展示、评价总结和重点讲解。

（3）课后

基于多模态手段的输入输出。课后主要是基于单元主题的作业：词汇、短语积累，句子翻译，主题写作，朗读，口头阐述等；提交的作业可以是文本、图片、录音和视频等形式；网络平台主要是批改网和钉钉。

3. 教学评价

多模态化评价手段：线上线下评价结合，包括平台学习痕迹的统计、在线测试、线下作业上传、考勤、课堂参与表现。

多模态化评价维度：教师评价和同伴互评。

多模态化评价方式：雨课堂测试群测试作业、课前测试与签到、群语音及书面作业、讨论区及连麦作业。

（四）多模态教学法在商务英语中的运用策略

1. 转变教师的教学观念

在传统的大学商务英语课程中，教师始终将学生作为被动接受知识的客体，缺少对自身角色的清晰定位。随着我国教育事业与现代社会的快速发展，这种教学方式已经难以适应新时代教学的需要，因为它在限制了学生自身能力的同时，也为人才培养带来了较大阻碍。因此，教师应积极构建多模态教学，及时地转变教学态度与教学观念，将现代教育理念融入实际的教学中，避免因思维局限给多模态教学的实施带来阻碍。首先，教师应不断加强学习，积极地参与一些学校组织的综合培训，弥补自身的不足。其次，各高校在深化教学改革的同时，还应重视师资队伍的建设，为教师提供更多学习和实践的机会，使教师在不断地学习与实践中，树立较为先进的现代教育观念。最后，教师也应根据社会对英语人才的需求，提高商务英语教学的难度，并为学生设定合适的学习目标，供学生参考。教师除了要保证课堂教学的质量，还要从思想、意识、认知等层面引导学生端正对商务英语学习的态度，使学生消除学习商务英语的消极情绪，并借助丰富多彩的课堂教学形式，培养学生的学习兴趣，使学生的学习取得较好的成效。

2. 在教案设计中灵活使用多模态教学法

多模态教学本身需要一个比较系统化的教学方法，对于当前课堂上涉及的每一个环节的设计，教师都需要挑选适宜的模态教学方式，只有这样才能够获得一种非常理想的教学效果，教师可以十分熟练地使用多模态教学形式。首先，要求教师具备丰富多样的教学阅历；其次，要求教师可以非常熟练地对本章节涉及的内容加以掌握，这样才可以在日常的教学过程中熟练地完成多模态教学方法的使用。

在课堂教学过程中运用多模态教学的时间十分有限，为了可以在较短的时间中获得非常理想的教学效果，要求教师在授课时合理地进行教学内容的设计。在进行教案设计的同时，还需要涉及每一部分能够使用到的多模态教学方式。除此之外，还包含商务英语学习涉及的听、说、读、写等几个层面。例如，在进行单词学习的过程中教师需要侧重学生在读写上的发音，能够使用口述的形式让学生了解到什么是准确的发音，或者选择小组交流的形式去完成对学生发音的纠正。在进行句式教学的时候，教师需要尽可能地对学生当前掌握情况给予关注，可以让学生使用这一句式去造句，在这一基础上让学生通过熟练地使用来完成学习记忆的深化。为了掌握学生学习的情况，教师还可以使用情景教学的方式去完成对学生的检验，例如，在对食物相关知识进行学习和对文章里产生的句式加以掌握之后，教师可以在教学中进行情景的创设，模拟学生进入西餐厅用餐的情景，通过这种情景的创设让学生运用当前已经学习过的知识去和餐厅中的服务员完成对话，最后完成点餐和评价菜品及结账的整个过程。采取这样的方式去完成教学情景的有效创设，可以让学生在生动有趣的教学环境中完成对所学知识的复习，也可以通过这样的方式让学生自身的口语表达能力得到锻炼。

因此，如果想要将多模态教学非常熟练地运用于商务英语教学的课堂，教师在课前进行教学之前就需要完成课前设计，课前的设计可以让教师教学更加有目的性，并且也能够让学生在课堂上的积极性得到提升，可以让学生依照教师设计的节奏去完成相关章节内容的学习。

3. 应用 PPT 多模态教学软件

PPT 作为多模态教学中常用的软件，无疑是一种非常实用的教学手段。在商务英语视听课堂中，教师需要充分并灵活地运用各种现代化的教学资源，为学习者打造一个多模态的教学环境。课件的制作是教师需要具备的一项基本技能，也是教学中需要用到的基本教学资源，教师在教学中应该设计好每一单元的知识点。在条件允许的情况下，可以要求教师小组集中备课，在与其他老师的交流与讨论中，将教学的内容设计得更加系统化、全面化，而教学的设计中选择的素材一定要新颖，具有教育意义。除此之外，教师也可以上网查找相关的素材，将电影中的精彩片段、知识点合理地融入 PPT 教学。现代教学中的课件内容并不是简单的累积，而是需要教师找到一条学习的主线，确立课件的主题，从学生视听课堂中的薄弱环节入手，提高学生的英语表达能力。

在设计 PPT 的时候应该以简单大方为主，进而突出主题，不要让 PPT 的内容过于复杂，使学生难以理解。同时，在对内容进行编写时，应该注意输出和输入的转换，让学生在学习中能够保持松弛的节奏。基于此，教师在 PPT 素材的选择上应该多下功夫，留给学生一定的时间去思考，要让学生在自主学习的环境中成长。因此，教师可以在课前进行集体备课，对教学内容进行统筹兼顾，做到分工明确合理。每个人专注于单元中的某个部分，与其他教师互相探讨，本着"实用为主，够用为度"的教学原则，既可以增加学生的知识，又能提高学生的表达能力。教师要利用图像、声音、音乐、视频等各种手段设计出各有特色的教学课件。

随着信息技术的不断发展，高校商务英语教学必将呈现多模态教学的态势。在此教学环境下，学生商务英语学习的热情将会高涨，学习兴趣会逐渐浓厚，学习效率也会随之提高。但要顺利实现商务英语的多模态教学，仍然有一定的困难和挑战。如多媒体教学环境的构建、网络信息技术的掌握情况、高水平教学团队的引领作用、高质量的教学信息来源及多模态的评价机制等，这些无疑制约着多模态教学的顺利实施，需要学校各部门的配合和支持，需要教师具备扎实的专业功底、丰富的教学经验、精湛的网络技术，以及对学生的商务英语学习情况的全面了解等，这样才能使多模态商务英语教学顺利实施。

三、项目教学法

（一）项目教学法的含义及作用

顾名思义，项目教学法是一种项目化的教学方式。它是以学生为课堂主体，以项目活动为基础的教学活动。国内学者张文忠指出依托项目的外语学习具有下列特征：（1）学习并运用真实的语言材料；（2）强调以学生（小组）为中心的体验；（3）过程和结果取向；（4）产生一个实实在在的最终成果；（5）一定的时间跨度内的课内外系列活动；（6）强调技能整合；（7）鼓励学习者自主构想、对实施和展示各环节负责；（8）教师承担新的角色，成为项目的管理者和顾问；（9）学习者的语言学习、学科内容学习和能力打造完全融合；（10）学习者反思学习过程及产出。项目教学法大致分为项目计划、项目实施和项目产出三个阶段。

利用实训项目的手段方式，创设学生所需要的学习情境。依托"做中学、学中做"的原则，拉近学生与商务英语知识的距离，使学生在英语实践中转变学习态度，开阔视野和思维，增进语言情感，掌握知识应用技能。尤其是将理论与实践相融合，将教学过程精细化，使先学后做发挥出积极的教学功能和效用，为学生克服学习困难、解决英语问题提供了帮助。它不仅有效激发了学生学习的兴趣、信心、耐心，也使学生的思维品质、语言应用技能得到了全面的提升。此外，项目教学法的应用符合学生学习商务英语的具体要求，能够帮助学生构建完整的知识体系。在真实情境中灵活应用知识，对发展学生商务英语综合能力具有积极的现实意义。

当前，在"互联网+"背景下，教师可以利用项目教学法对学生进行商务英语教学，采取问题情景的方法来调动学生对英语的积极性，让学生在问题的引导下对学习内容进行分析和探讨，从而不断提高学生的商务英语应用能力和学习效率，进而提高学生的跨文化交际能力，为国家培养出符合要求的商务英语交际人才。

（二）项目教学法的特征

传统教学方式多为填鸭式教学方式，这种教学方法通常以教师为主体，让学生被动地听教师在讲台上不断地教授并重复重点内容，被动地接受课堂中所学到的知识点。这种枯燥的教学方式会导致学生的学习热情下降，使其拒绝接受新的知识，哪怕学生对所学知识有一定的了解，也无法将其与现实生活相结合，导致课堂教学的效果受到严重限制。但在项目教学法中，学生才是课堂教学的主体，教师所起到的仅仅是引导作用，这一点便与传统教学方式有着极大的区别。学生在完成项目的过程中，能够充分地体会到学习的乐趣，从而能够更加牢固地掌握所学的知识点。对于教师而言，当学生成为课堂中的主体后，教师便成了引导学生自主学习的引导者。学生在执行教师安排的任务时，教师应尊重学生，让其能够独立、不发生偏移地完成任务，当发现学生重点发生偏移时，则应不留痕迹地引导学生将注意力转回到完成任务上。此外，教师应鼓励学生积极参与、自主完成任务。若学生完成任务的过程较为困难，则应及时为学生解惑，指出并纠正学生对知识点的错误认知。在进行项目教学法时，教师应明确认知，教师自身与学生的所有行为均是围绕着项目展开的，项目本身便是教学活动的重点内容。因此，教师在决定项目内容时，关注的重点应放在项目是否可行、是否可以开阔学生视野、是否能提高学生积极性三个方面。

（三）项目教学法的应用流程

1.熟悉项目式教学

项目式教学在高校商务英语课堂的应用中，往往需要结合高校英语教学的课程特点，针对不同的教学内容和学生状况进行合理的流程制定与教学模式的分析，因此首先需要做到的便是对于项目式教学的深入了解，熟悉项目式教学的各种流程与应用模式。为此，在教学课程正式开始之前，需要对学生进行初步的教学模拟实验，帮助学生更好地适应项目式教学模式带来的改变，并尽可能地帮助学生了解项目式教学的优劣，保证学生能够在教学实践中更好地配合教师的教学设计，进而保证项目式教学模式的教学质量和教学水平。

2. 实施项目式教学

在熟悉项目式教学的流程和具体内容后，教师和学生需要根据教学内容进行最后的协商，并最终确定项目式教学的主题和教学形式，并提前让学生了解相关实验流程，以便于更好地实现项目式教学的目标。学生在项目式教学中需要以项目小组的形式参与到教学流程中，同时针对项目式教学所提出的具体教学内容和问题，有针对性地进行文献资料查阅，并通过网上调查和问卷调查等方式，对项目式教学的问题进行多种形式的研究与分析，并及时提出相关问题的解决方案和办法，最终才能够更好地以书面报告和演讲等方式完成成果展示。

除此之外，学生在每个学期需要制定的项目多少需要根据自身状况进行充分分析，但尽量不要少于四个项目，项目的主题和题材也应该以教材中的话题为基础，进行充分的探究与多方位的分析。同时，还需要做到尽可能地保证每个单元的教学流程相同，这样可以更好地避免由于教学流程差异而造成的各种教学问题。

3. 评估总结阶段

本阶段主要是对学生完成项目的整体情况进行总结并评估。首先，学生需要根据教师布置的项目与自身收集到的资料，向全班同学展示本人或本组所完成的项目成果，可通过制作 PPT、小册子等方式进行分享。其次，教师应根据所有项目的报告，对所有人或者所有组的过程进行评价总结，为确保公正，教师可让学生挑选出适合的代表，对所有作业进行打分。最后，教师可以根据学生项目的完成情况，挑出出现次数比较多的问题，或者比较典型的问题进行讲解，从而加深学生对于正确知识的印象。

（四）项目教学法在商务英语教学中的运用

1. 合理设置教学，提出项目任务

现阶段，高校商务英语教学注重的是学以致用，要求学生在学习与生活中更加广泛地运用英语。所以教师应以"实用"为教学目的，开展优质的项目教学活动。通过将项目教学活动分解为若干个环节，采用合作学习的方式，使学生在交流与探讨、合作与分享中完成每个项目的学习任务。首先，在运用项目教学法时，注重研究分析相关教学内容，并提出符合实际的教学项目。通过将教学项目作为开展活动的基本前提，在保证活动可行性、时效性、价值性的同时，合理科学地

布置项目学习任务。其次，教师应充分挖掘教材知识，突出教学中的重、难、疑点问题。通过指引学习方向和梳理学习思路，使学生在每个子项目中提取、整理、应用知识，促进学生更加全面地掌握英语技能。

2. 实施操作

课堂应用环节，在这个过程中，老师通过向学生提出问题，根据学生的具体学习情况将学生分成不同的学习小组，让小组内的学生对问题进行讨论分析，小组内成员可以以问题为基础，每个成员分配不同的学习任务，然后每个学生根据自己的任务去搜集资料，对材料进行阅读，对问题进行解决。每个成员完成自己的阅读任务后，可以进行组内讨论，将不懂的问题提出来，如果有学生能够解答的，则可以互相交流学习建议，如果无法解答的，则可以记录下来，寻求老师的帮助。当每个小组讨论完毕之后，老师可以让每个小组推举出一名代表对自己小组的讨论结果进行展示，学生可以将他们的讨论结果制作成PPT，向其他学生进行展示，使每个小组、每个学生都有展示自己的机会，在这个过程中学生可以用英语语言来进行展示，提高学生的英语能力。

在实施项目的过程中，学生积极性很高，他们通过各种各样的方式进行文献查阅并收集资料，师生通过微信、QQ等媒介进行积极沟通，及时发现并解决问题。另外，还推荐学生欣赏一些名人演讲、英文歌曲并观看如《阿甘正传》《罗马假日》《呼啸山庄》等经典影片，从而帮助学生拓展视角，了解东西方文化的差异，提高跨文化交际能力。

3. 评价与优化

评价主要是自评、互评和教师点评三者结合，自评和互评主要是培养学生观察问题的能力，使学生发现自我和同学的优缺点，有利于在后期项目实施过程中更好地改进；教师点评是指教师对各小组进行有针对性的指导；为了确保评价的公平、公正和专业性，各小组最终分数计算公式为：60%（教师评分）+40%（其他小组评分的平均分）。得分不是目的，主要是项目式教学法改变了教师和学生在教学中所扮演的传统角色，让教师从"教授者"变为"引导者"，让学生从"接受者"变为"践行者"。在新时代背景下，在大学商务英语教学过程中，教师应认识到项目教学法的功能和效用。通过坚持系统性、实践性、合理性、自主性原则，制订完善的项目教学计划，使学生在真实的语言情境中挖掘素材、整理知识、应用技能，从多个层面上训练学生的英语能力。通过加强与学生的思想交流，培养学生的学科素养和创新精神，不断将学生打造成社会所需要的人才。

四、语料库教学法

（一）语料库教学法的优势

要实施语料库教学，首先要明确语料库教学的优势在哪里。笔者对多年的教学实践进行研究后发现，大学生普遍会为自身的英语水平和成绩，设置一定的目标和要求，如在大学期间为通过大学英语四级考试而进行英语学习。但是，这往往并不能使学生的英语水平获得全面提高，原因和表现有以下几点。

第一，学生只是被动接受，缺乏自主思考。笔者在每学期开设的写作课程授课之初，会使用问询的方式来初步了解学生当前的英语能力水平，如"你们可以流利地背诵出某个英文片段吗？"问题提出后，几乎没有学生能给出肯定回答。这样的结果是令英语教师担忧的。根据现代语言学习研究的成果，语言输入是语言表达的先决条件，没有足够的语言输入，没有一定的语言知识积累，学生就难以输出有效的表达；而在场的学生，经过了小学、初中及高中阶段的英语学习，被问到记得哪些英文片段时，却还是含糊其词。大学英语教师要想科学、合理地带领学生进行大学期间的英语学习，使学生真正吸收和积累一定的英语知识，就需要在教育过程中引进新方法、开拓新模式。

第二，学生在平时很少积累地道的英语语料。在基础教育阶段，学生主要的学习目的是提高考试成绩。因此，大多数学生的英语学习以大量做题为主，意图通过反复练习考试类型题来快速提高分数。这种学习方式对于提高考试成绩能起到较好的效果，但是学生并没有从中获得实际应用这种语言的能力，也没有对语言的使用形成概念。此时，学生的词汇积累多半以对照记忆单词的写法及其汉语意思为主，一词多音多义及语境的作用易被弱化，导致学生对单词及相关表达的运用较为刻板。

第三，学生的听、说和写的能力远逊色于他们读的能力。基础教育阶段的英语教学大多能很好地培养学生学习语法和词汇及做好阅读理解的能力，而对学生听、说和写的能力的提高效果并不明显。听力方面，学生的听力训练频率较低，强度不够，达不到效果；口语方面，学生没有足够的机会练习口语，甚至把读课文和背课文当作全部的口语训练内容，教师在日常教学中针对口语的检测也较少；写作方面，学生通常会针对考试内容，套用模板进行写作练习，创新性的内容不多，平时也鲜有与他人使用英文进行书面沟通的机会，学生缺乏语言输出，难以有效提高其语言应用能力。

　　语料库辅助下的英语课堂教学活动主要涉及词汇教学、语法教学、语义教学等内容，语料库的应用使得英语教学工作的真实性、系统性、全面性与实效性大大提高。具体表现如下。

　　材料的真实性。英语语料库中的英语信息来源于英语母语者的真实话语。教师利用语料库引导学生学习英语词汇，能使学生接触到更加真实的语言环境，提高学生的英语感知力，有效弥补英语教材中的不足之处，增加教学内容的真实性，激发学生的学习兴趣。

　　信息的系统性。英语语料库中的所有信息均按照一定的顺序和规律排列，各类语言信息的分类较为明确和规整，具有较高的规范性与系统性。在数据库建成之前，学生虽然可以借助网络技术，在互联网平台上搜集和整理信息，但是互联网平台上的信息大多呈琐碎、散乱状态，且质量参差不齐，使得学生对信息的判断能力与理解能力受到负面影响。语料库能有效弥补互联网平台在这方面的不足，实现对英语词汇信息的规范整理与系统完善，应用价值相对较高。

　　内容的全面性。语料库中可被检索的内容的多少取决于语料库容量的大小，而语料库内容的可选范围相当广泛，可以根据学习需求适当添加，不断拓展，甚至可以达到全面覆盖。在使用语料库进行搜索时，所有的检索结果都体现在页面当中，学生可以得到该检索对象在此语料库中的所有用法，很直观地看到其适用的语言环境，便于全面理解和分析相应内容。

　　教学的实效性。在基于语料库的教学实践中，教师成为教学中的组织者、引导者、合作者，学生占主体地位，他们的学习积极性被充分调动。在信息技术不断快速发展的今天，学生可以利用语料库，对来自多渠道的信息进行有效利用，从而使学习效果得到提高。

（二）商务英语语料库教学法的运用

1.语料库教学过程

（1）调研阶段

这一阶段的主要工作包括：学习理论，了解教改动态，了解相关及相近课题的研究情况并进行相应调查研究，撰写课题研究设计方案，确定研究内容与计划等。

调研阶段中需要考虑如下问题。

第一，是否有为该课程的学习者而设计的语料库资源。目前，绝大多数英语语料库是针对广大英语学习者的需求而建立的，所收录的语料内容覆盖范围较大，属于英语范畴；而针对通识英语教育中的特定学科及专业课程的语料库资源较少，建立与该课程教学相关的语料库往往需要大量的时间和资源。

第二，教学设备与场所是否能够适应教师和学生需求。除了需要基本的计算机设备及网络之外，实施语料库教学还需要学生能在课堂上完成教学目标中的语料库检索任务，这要求检索过程中的检索速度必须得到保障。在检索过程中，学生之间和学生与教师之间需要进行交流，这要求教学场所应具备足够的空间及投影设备，方便教师及时解答学生在检索时遇到的问题和总结检索结果。

第三，师资的配备是否合理。语料库教学要求授课教师具备一定的计算机软件应用能力，有语料库语言学基础，能够很快适应语料库教学模式，以及有一定的创新能力和钻研精神。在教师队伍的建设方面，为拥有充足的师资力量，学校应吸收相关专业人才，并提供一定的培训机会，不断加强教师队伍建设，提高教师队伍的整体实力。

（2）筹备阶段

在该阶段要确定好教学目标及实施方案，做好教学相关文件包括教学大纲、周历、教案及多媒体课件等的准备工作，并掌握语料库的使用方法。

教学大纲是为使学生达到学习目标而对课程进行整体性说明的文件，其构成要素包括课程背景、课程名称、课程目标、课程学时、课程对象、教学进度、课程学时分配和教学教法等。教学大纲要研究和分析教与学中涉及的各方面因素，既要对一个学期、一个模块、一个单元所要实施的教学进行整体设计，也要从学生学习的角度对一定时期的学习内容进行整体规划。

（3）实施阶段

该阶段的主要工作包括：按照研究目标和实施方案开展初期实验，根据实验中出现的新情况、新问题，逐步做出调整，不断完善课题实施方案和研究计划，在改善学习方式、培养学生发展性学习、改进教学方法、实施好新课程等方面，摸索出一套行之有效的教学模式，同时也要做好资料收集和成果总结工作。

在实施阶段要及时根据新情况和新问题进行反思和调整。在以往实施语料库教学的过程中，作者发现有时无法跟踪学生使用语料库的频率，学生对语料库发挥的作用也不明确。在课堂上需要使用语料库进行检索时，部分学生仍然使用电子词典进行中文语义查询，这说明推动语料库检索得到充分利用的过程应是分阶段的，不可急于求成。这同时也表明，引导学生逐渐养成使用语料库的习惯，加强学生探索和思考的能力，是教师在实施阶段面临的挑战。学生在这个过程中需要克服困难，勇于尝试，大胆猜测。当学生完成了语料库查询和总结后，教师需要给出讲解，但课堂时间毕竟有限，教师不能全面地了解到每一位学生的检索过程，也无法解答所有疑问。因此，在实施阶段，教师需要及时进行课程反思，灵活改进课堂环节，从而帮助更多的学生正确及合理使用语料库，使语料库检索的效果和价值得到充分体现。

（4）结果反馈与改进阶段

该阶段的主要工作包括：回顾及总结整个学习研究过程，广泛收集和整理各种材料，对研究成果进行提炼，将其上升为具有指导意义的经验和成果，并撰写具有指导意义的研究报告。

将语料库应用于课堂教学之后，学生作为真正的受益者，将会在语言应用能力及自主学习能力上得到提高。教师根据学生的学习内容完成相应教学任务，其成果可以帮助建立学习者语料库，而后，教师可以利用学习者语料库进行教学质量分析，得出的经验教训可以用来完善接下来的教学实践。通过实施语料库教学，教师可以帮助学生建立满足其需求的目标语料库，拓展有利于学科发展的语料库教学新模式。

五、案例教学法

（一）案例教学法的概念

案例教学法也被称作为是苏格拉底式教学法，这一教学法是由著名的学者克里斯托弗·哥伦布·兰代尔（Christopher Columbus Langdeu）提出的，这种教学方法在学习的过程中更加强调学生的问题分析能力及实际问题处理能力。在19世纪末，发达国家首先应用了案例教学法，并且将这一教学方法应用在了一些经济学科及社会学科的教学中。到了20世纪初，案例教学法也逐步地形成了体系和规模，因此被广泛地应用在了许多跨国企业的商务管理学科上。在1921年，哈佛商学院出版了第一本关于案例教学法的案例集，并且以每年大约350个的速度不断地丰富着案例教学法中的案例。在最近的十几年中，案例教学法的不断优化与完善，使其逐步受到人们的广泛关注，我国诸多的高校在教学过程中也都运用了案例教学法，其中较为突出的是我国的西安财经学院。此院校建立了一些本土化的案例，并且在教学的过程中针对案例教学法进行了深入的研究，结合了营销专业课程中的一些相关内容对案例教学法进行了更加多元化的丰富。

（二）案例教学法的优势和局限性

1. 案例教学法的优势

（1）适应不同的教育环境

案例教学法能够适应不同的教育环境，提升在不同教育环境中成长的学生的英语水平，这主要是由其特点决定的。首先，案例教学法具有一定的灵活性，可以与不同的教育环境进行融合。例如，中国的传统教育以课堂教育为主，且在教学过程中注重提升学生对理论知识的掌握能力，而教师将案例教学法应用于商务英语教学，可以通过在课堂上讲解相关案例的方式，促进其与教育环境的融合。其次，案例教学法具有鲜明的实践性。教师可以在课堂上通过引用优秀案例，带动学生探讨案例、处理案例，从而帮助学生在接触案例的过程中，掌握国际英语交流的基本准则。

（2）强化学生的沟通能力

商务英语是一门实践性极强的课程，不仅要求学生具有扎实的专业基础，还要求学生具有良好的沟通、交际能力。教师将案例教学法应用于高校商务英语教学，可以在很大程度上强化学生的沟通能力。首先，教师选择应用于课堂教学的案例多与教学目标息息相关，学生在分析案例的过程中，需要保持理性的态度，并且不断整合案例中各类人物提供的信息，这不仅可以提升学生的理性判断能力，而且可以促进学生之间的交流，提升学生的沟通能力。其次，英语案例中有大量的词汇、话题及各种口语化表达，教师将这些案例应用于课堂教学中，有助于拓宽学生的词汇量，加深学生对英语口语表达的理解程度。

（3）为学生提供真实的实践环境

案例教学法在一定程度上，可以为学生提供真实的实践环境。首先，教师在授课过程中通过引入案例，让学生以团队的形式围绕案例进行讨论，可以使学生将自己所学的知识应用于实际案例，并且通过英文交流来营造全英的学习环境。其次，教师可以通过还原真实案例的方式，强化学生对商务英语基础知识的理解。任何案例的形成都有特定的环境，教师在授课过程中分析案例发生的语言环境，还原真实的场景，可以帮助学生在参与实际案例分析的过程中，掌握英语交流的基本技巧。

2. 案例教学法的局限

在案例教学法与商务英语这门课程进行结合的过程中，同时也存在着一些局限性的问题。例如，案例教学法在应用过程当中，需要学生阅读较大篇幅的案例内容及案例背景，因此，在一定程度上提升了学生的学习难度。同时，由于企业当中的成功案例涉及企业商业机密等问题，教师也很难搜索到一些具有针对性的教学资料，因此案例的实际质量很难得到保证。除此之外，由于案例教学法需要教师通过辅助引导的方式让学生完成自主性学习，因此在整个课程当中教师摆脱了传统的知识传达者角色，更加注重于学习过程当中的引导，这对教师也是挑战。除此之外，英语对于绝大多数的学生而言是一种非母语的新语言，绝大多数的学生受制于传统教学模式的影响，很难在短期时间内适应，因此在案例教学法推进的过程当中也存在着一些困难。在将商务英语与案例教学法进行有效结合的过程中，必须要求学生学习大量的英语习语，同时要求学生必须有一个非常庞大的单词量，还要求学生通过多种方式方法广泛地搜集书面材料，注重国家之间的文化差异问题。这些问题在解决的同时也增加了学生的学习难度。因此，必须要求教师与学生在课内课外付出大量的时间及精力对其进行针对性的处理。

（三）案例教学法在商务英语中的应用

随着中国经济的发展和改革开放的进一步深化，掌握商务知识，同时又具备良好的商务英语写作功底的专业人才受到市场的青睐。那么，在当前跨境电商迅猛发展的背景下，如何优化传统教学方式，如何进行教学方式方法的创新，提升商务英语教学效果和学生学习成果，已经成为每一位专业教师需要深思的问题。案例教学作为商务英语专业重要的教学方法，可以帮助学生有效地理解和学习商务英语专业知识，通过对生动真实的案例进行学习，使学生在对商务英语基本知识理解的基础上，被带入真实的商务环境，对商务活动进行实操训练，从而激发学生的思考和创造力，促进其语言综合能力的提升。但是，随着电子商务的发展，跨境电商内部结构的转型升级为商务英语专业提供了许多新的视角，也对教学的持续改革提出了新的要求。接下来以商务英语写作教学为例，探索案例教学法的应用流程。

1. 准备阶段：完善教师电子商务知识结构

教师在完善自身理论体系和结构的过程中，既要重视英语专业素养的提高，也应增强电子商务方面知识的储备。要确保向社会、跨境电商行业输入合格的专业人才，确保商务英语人才供给的持续性和协调性。当前，案例教学法成为商务英语写作教学的趋势，其具有实践性、专业性和针对性的教学模式在教学实践活动过程中受到广泛的使用，但是由于案例教学法的难度和特殊性，教学过程中如何保证教学内容与教学案例密切联系；如何通过案例教学帮助学生撰写高质量的商务英语文稿，以满足市场需求；如何能够针对跨境电商发展的实际情况，创作出优质的英文文案，以满足行业需求；如何为企业在国际贸易和国际商务活动中提供有效沟通，避免跨文化商务沟通过程中产生的，因为文化和语言差异而引起的常见问题是教师需要考虑的问题，而提高商务英语写作的质量无疑将会助推企业国际交流与合作。因此，在教学准备前期，教师应根据教学任务和目标，提前掌握电子商务知识体系的概念与作用，全面把握电子商务知识结构。

2. 选题阶段：提高教学案例与电商发展实际的契合度

在完善商务英语写作教学内容的同时，也应提高学生关于电子商务方面的知识水平，因而就必须切合实际地做好选题工作。举例而言，教师应在选题中考虑到以下几个方面。

（1）根据教学目标准备完整的案例，案例应满足时代性、复杂性与典型性。

（2）案例无固定答案，为案例提供多视角解决方案，设计能够激发学生，打开思维的开放式案例分析模式。

（3）设计特定案例的个性化教学方式，可以通过学生分组、讨论、资料查阅等方式。总之，教师在选择案例之时，要结合教学目标，参考各类文献，选出最合适的教学案例并采用恰当的方法。此外，在教学活动中，课堂内容安排会与案例内容有所差异，因此教师应根据教学实际情况和学生的理论掌握状况，对教学案例进行再加工，帮助学生更好地理解专业知识和学习目标。

3. 教学阶段：优化商务英语案例教学流程

案例教学法的四个基本环节是案例准备、案例分析、案例总结、案例评鉴，如果将其应用在商务英语写作教学中，那就需要将这四个环节拆分为五个阶段，即案例准备、案例分析讨论、案例总结、商务报告撰写、文章互评与点评，并分阶段完成写作任务。每一个案例都是对一个商务活动的形式、内容及其他方面的总结和分享，其中涉及企业管理、企业结构、企业文化、公司经营各个方面的内容。因此，在跨境电商快速发展的背景下，商务英语文本创作是一个系统的流程，其中既包含了英语专业知识，同时也应有完整的商务知识背景，教师应该优化案例教学流程，增加案例教学的科学性和系统性，帮助学生全面把握。具体而言，教学阶段分为以下五个流程。

（1）案例准备。案例教学法是高校在经济全球化时代背景下，提升学生商务英语水平的必然选择。高校教师应该在日常教学过程中，建立专业化的案例库，强化自身素质，培养学生多元思维能力，以此促进案例教学法与商务英语教学的进一步融合。从目前来看，在经济全球化的潮流下，没有哪一个国家能够脱离国际市场独自发展，各国只有通过交流，增强自身的经济实力，才能在激烈的国际竞争中争得一席之地。这就要求高校教师不断提升商务英语教学水平，提升学生的专业素养及交际能力，为我国进行国际交流提供优秀人才。教师应根据课程教学内容需要准备一个完整的、有针对性的案例。（2）案例分析。教师通过对案例进行介绍为学生提供分析思路，教师引入主题之后，学生之间展开配合和讨论，并得出符合逻辑的结论。（3）案例总结。教师收集学生的反馈信息，对学生答案进行总结和评析，学生通过对标检查进行查漏补缺，并在讨论与总结过程中达到学习目标。（4）商务英语报告撰写。教师结合案例分析讨论的结果，根据商务英语文章写作要求，提练出案例中与之匹配的商务活动内容，布置商务文本撰写任务。（5）文章点评。学生在规定时间内撰写完成，教师在审阅完成后交于学生进行同伴互评，依据点评反馈，结合教学重点难点，强化学生的写作技巧，提升学生的写作质量。这样一个闭环的训练过程有助于学生切实将写作理论知识与写作实践练习有机结合，为未来从事实务工作打下良好的基础。

第二节　商务英语教学实践

一、围绕应用，构建实践教学体系

实践教学体系的改革是加强商务英语专业建设，提练专业特色，培养应用型、复合型人才的一个重要切入点和突破口。积极构建创新实践教学体系，需要从以下几个方面入手，以缩短人才与社会需要的距离，实现人才培养的目标。

第一，双管齐下，重视课堂教学实践。根据专业特色和人才培养目标的要求，通过对教学内容、教学方法与手段的改革，增加课堂教学中实践教学的比重。通过讲座教学、讨论教学、案例教学、探究体验教学等方法，培养学生主动学习、合作探究、积极展示、个性发展的意识，以提出问题、研究问题、解决问题、延伸问题为线索，倡导学生自主学习，实现课堂教学的实践性突破。

第二，校企合作，监控实习实训质量。与企业签订共建实习基地协议，确定"以实习促进实践、实习带动就业"的实习目标。在学生开展实习实训期间，指派专业教师积极引导学生参与实践。在实习考核方面，结合学生实际表现、实习报告质量、企业评价等进行综合评定。

第三，推进校内外实践教学基地建设，改善实践教学条件。

二、循序渐进，加强实践教学过程管理

实践教学的过程管理，应贯穿整个实践教学实施的始终，涉及与实践教学、实践学习有关的各个方面。这里以毕业论文的过程管理为例，阐述如何向过程要效果，在过程中逐步实现商务英语专业人才培养的目标。按照过程控制与目标管理相结合的原则，商务英语专业实施对毕业论文工作的质量监控与管理，建立从论文选题到最终答辩一系列的保证体系，从论文选题、开题、写作、修改和答辩等环节对学生的论文写作情况进行监控，从而构建立体式、全过程、全方位的质量监控体系，以保障毕业论文质量。

第一，按照人才培养目标和专家提出的建议，毕业论文的选题注重多样与创新，要求学生以专业理论知识为基础，以在专业学习中遇到的实际问题为研究领域进行选题。同时鼓励教师带领学生搞科研，将具有研究价值和现实意义的选题纳入其中，使毕业论文真正成为强化学生实践能力培养的重要环节。

第二，在论文选题确定后，要求学生收集资料，深入了解所要研究的内容。学生提交开题报告后，由指导教师进行审阅并提出建设性意见，确定学生的论文框架结构是否合理、内容是否恰当。通过把握开题报告这一重要环节，为毕业设计过程的顺利进行提供保障。

第三，针对毕业设计过程，制定毕业论文撰写与指导规范，要求指导教师与学生共同填写毕业论文指导记录表，对论文撰写过程的各个环节做出明确要求，并有过程记录。指导教师通过电话联系、邮件交流等形式反馈存在的问题和解决方法。同时督促学生的写作进度，要求学生定期对写作中遇到的问题进行汇报。针对论文初稿，指导教师要检查学生论文的完成情况，发现问题，并提出解决方案。针对初稿的修改，指导教师要进行核对，检查是否有遗漏的问题。针对终稿，学生要按照指导教师意见和要求将其提交给评审委员会进行评审。学生毕业设计成绩由指导教师评阅成绩、主审教师交叉评阅成绩及答辩成绩三部分组成。对不合格论文采取严格的态度，责令退回，进行二次答辩，延迟毕业时间。通过以上毕业论文写作的过程管理措施，使学生的毕业论文达到选题得当、构思清晰、内容充实、格式规范的要求，达到综合运用所学知识、提高毕业设计质量的目的。

三、基于 CLIL 理念的教学实践

（一）CLIL 理念概述

20 世纪 90 年代，芬兰学者戴维·马什（David Marsh）在社会语言学家哈姆斯（Hymes）的交际能力理论和语言学家韩礼德（Halliday）功能语言学理论的基础上提出了内容与语言融合型教学理念（content and language integrated learning，CLIL），该理念是指将一门或多门外语作为非语言学科的教学语言，在教学中使用语言和学科共同发挥作用，旨在引导学生在传统的学科中激发新的想法和理念。为适应"十四五"时期教育改革发展的需要，商务英语教学要使新发展理念贯穿教育教学的各个环节，从各个方面全面落实。

（二）CLIL 理念下的商务英语教学实践

将 CLIL 理念融入专业英语教学模式，使课堂教学与职业资格考试相结合，有利于提升学生的职业能力，拓宽学生的就业渠道，学历证书与职业资格证书、教学与就业的有效结合，将全面提高学习者的职业素养和职场竞争力。

以商务英语专业"国际贸易实务"双语课程为例：为推动教学改革，将外贸行业的职业标准和职业资格证书的内容融入商务英语专业的课程体系中。在课堂教学中，开展"模拟国际贸易工作场景"的教学活动，使教学内容贴近职业资格证书考试大纲。选择"国际商务单证员、跟单员、报关员"等系列职业资格考试大纲内容作为教学重点和难点，把枯燥的国际贸易实务的理论知识和实际工作中的案例融为一体。在教授合同内容和条款时，先介绍外贸出口合同的主要条款和内容，然后把事先布置的任务和空白合同分发下去，按照小组竞赛的形式，分工合作，模拟进口方和出口方，起草并完成一份出口合同，最后成功地签订合同。根据合同签订完整性和准确性，选出最佳外销员团队。这样，在案例教学和现场模拟练习中，训练学生分析问题和创新应用的能力，学生既掌握了专业知识，又提高了职业能力，团队合作意识也得到提升。

在教学方法上，要以学生的能力培养为主线，以学习者为中心进行改革。按照 CLIL 的原则，内容、交流方式、认知力、文化这四个模块间的相互作用，有利于促进学生商务方面专业水平与语言能力的共同发展。学生可以通过获取国际商务专业知识和掌握英语的语言技能来参与认知过程，最终提高跨文化交际能力。为了提高学生的口语表达能力，在商务英语课堂教学中应注重学生语言输出能力的培养，并根据每一章的教学内容和教学重点，为学生量身定制相应的教学

方法和评价方法。例如，在商务英语口语教学过程中，根据每单元的教学重点和具体内容设计口语话题。整个课堂教学过程，根据外贸工作岗位的具体任务或话题情境展开，本着"以学生为中心"的理念开展教学活动。教师课前设定并分配任务，课中运用移动教学平台进行分组讨论，采用视听导入法、情景模拟和头脑风暴等综合教学方法开展教学活动，最后结束任务，完成口语课的实践演练的内容。作业内容和形式包括：团队合作表演小品和戏剧、视频演讲比赛、产品说明演示、模拟商务谈判。根据平台反馈，老师了解作业完成情况，平台系统会在课下自动评分或评价，老师综合成绩给予反馈。

在 CLIL 教学理念的支持下，商务英语专业的教师在课堂上以学生为中心开展教学活动，通过总结采用有效的教学模式，有效地提高学生职业素养和跨文化交际能力。

从授课教师的反馈来看，课程凸显了 CLIL 教学理念的优点，外贸实务的知识与英语语言能力紧密融合，互为依托。以专业知识为基础，以完成业务操作为目标，语言表达不再空洞。而随着语言能力的提高，专业知识也逐渐内化，通过参与的活动、思维的加工，转化为学习者内在的知识体系，达到长期记忆的效果。在内容与交际提升的基础上，学生的认知能力也有了显著的提升。他们不再被动地记忆专业知识，为了完成业务流程、达到利润最大化的目标，学生会主动思考、判断、分析、总结。在处理突发事件的过程中，知识和语言都被充分调动起来，高阶思维、理解力、应变能力和抗压能力都得到了最大程度地锻炼和提升。在角色扮演中，学生要帮助外国企业与其他国家的企业达成交易，因此，他们首先要对各自国家的文化、商务礼仪、风俗习惯等有一定的了解，才能更好地选择交易对象和交易产品。在交易过程中，学生能够逐渐提高对全球多元文化的认同感和兼容度，能够培养跨文化意识，以开放宽容的态度对待问题和挑战。

四、基于语料库的教学实践

（一）课程介绍

作者以《体验商务英语综合教程》为例，介绍基于语料库的商务英语专业的教学实践过程。

课程内容包括语料库检索、自主学习指导、大学英语综合能力培养。该课程遵照读写一体化的教学模式，以社会认知语言观为指导，结合高等教育的内在诉求和应用语言学理论，以大学英语学习元知识体系、英语综合应用和跨文化交际专业话语为主要内容，以数据库检索、话语分析、体裁知识和体裁教学研究为支撑，集显性教学与隐性教学于一体，辅之以归纳教学和演绎教学。同时，结合本课程内容为商务题材的特点，应在教学中倡导任务式、体验式教学理念，辅以补充材料，以有效巩固学生的学习成果，培养学生的自主学习习惯，最终实现培养出具备商务型听、说、读、写、译等综合能力的人才的目标。

在培养学生基本的听、说、读、写、译五项能力的同时，学生的以下四种能力也应得到重点培养。

跨文化交际能力。引导学生具备一定的国际视野，了解跨文化交际和跨文化语用的基本概念。

外语学习能力。引导学生明确课程学习目标，具备正确的语言观、语言能力观和必要的外语学习评价知识，了解英语学习策略，能对课程学习进行基本的评价和反思。

语料库检索能力。引导学生利用语料库检索，研究与分析词语的正确使用方式，辨析近似词语的不同语义，找出相关背景知识。在不断操作的过程中，学生能够熟练掌握这种新的语言学习工具的使用方法，从而更好地利用这一语言学习工具学习地道的语用方式。

自主学习能力。引导学生掌握语料库的使用方法，激发学生使用语料库的兴趣，使其能够更加主动、积极地学习语言。

课堂上的教学时间毕竟有限，学生可以在课后利用语料库进行充分、有效地语言学习。借助索引进行分析，学生可以概括出被搜索内容的典型用法，并挑选和积累典型例句。有的语料库还具备语体分布检索、近义词检索、近义词辨析等功能。随着语料库的不断应用，学生可以循序渐进地学习到词、句、段、篇等语言结构，进一步了解语体使用倾向。先分析搭配和类联结，再观察语义倾向和语义韵的基本方法是利用语料库进行语言分析在应用层面的突出体现。

在课时设置和课程内容方面，建议每学期设置 14 个教学周，每周学时为 3 课时，每个单元的学习时间为 10.5 学时，包括引入单元话题、构建覆盖领域的知识网络、理论联系实际、解决案例中实际问题等基本环节，让提高听、说、读、写、译的能力的任务充分体现在课程内容之中。根据对学生学习效果的阶段性评价与总结，教学任务的设置也要得到及时地调整与完善。

（二）课程教学实践所使用的材料

利用语料库进行教学时，教师需要安排好教学进度。能够把握教学进度，合理分配、高效利用教学时间，是提高课堂教学质量的关键。因此，教师设计的课堂活动应能帮助学生明确任务，方便学生掌握好时间与检索进度，避免出现语料库的检索过程混乱无序，使教学进度难以得到控制的情况。教师也可以通过观察学生对操作过程的记录，改进教学内容和教学效果。在课堂实践过程中，学生需要使用课堂活动用表 (activity sheet)，教师可将布置好的任务及可能的用时体现在课堂活动用表中，帮助学生明确课堂时间分配，使教师得到及时的课堂反馈，合理调整课堂进度。除了课堂活动用表之外，多媒体课件和单元测试也是不可缺少的语料库教学材料。

课堂活动用表中包含三个必要部分。首先是教学目标（objectives)，这一部分能够帮助学生在单元开始之前了解需要掌握的内容及重点，做到对学习内容心中有数；其次是针对本课程而创新设计的课程流程与任务设置 (activities)，学生在完成任务的同时，也要对语料库检索结果进行归纳和总结，并体现在该表中，方便教师深入了解学生的语料库使用情况及使用效果；最后是对整节课程的反馈与反思 (self-assessment)，这一部分可以帮助学生形成反思学习效果的习惯，从真正意义上激发学生思考，引导学生发现自己的不足并有针对性地进行改进。

在多媒体课件中，应先展示授课单元的知识体系结构和涵盖的内容范围，交代学生在单元学习结束后需要掌握的知识，以及这些知识可以帮助解决什么样的实际问题；然后对本单元案例进行简要介绍，并提示学生找到最佳解决方法的途径、需要考虑的相关问题，以及在语料库中找到更多可以利用的内容的方式；接下来应给学生展示如何使用语料库进行检索，可以根据单元内容举例进行说明，给出必要的思考步骤，同时鼓励学生不局限于教师的思路，尽力启发和引导学生根据自身的语言学习特点，去探索与发现新内容和新思路，让课堂为学生提供必要的感知体验，引导学生重视思维过程，成为学生学习的过渡点。

单元测试中包含两大题型：一是围绕特定商务英语话题的专业知识展开的简短问答题；二是词汇与词组搭配及术语使用环境的辨析填空题。学生在测试过程中可以使用语料库进行进一步搜索，利用搜索结果帮助完成测试。这个环节的设置可以提高学生对于使用语料库的兴趣，能够对学生积极使用语料库并探索发现语料库的功能起到一定的推动作用。以教材第 3 册第 1 单元为例，单元测试题目及答案如下。

1. 第一部分：单元知识问答

（1）Why do companies need to establish strong brand names?

① A brand name distinguishes one product from another.

② A recognizable brand name can lead to higher sales.

③ A firm's brand name conveys a message to consumers about the quality of the firm's product.

④ A brand name can help a company open up its distribution options.

（2）How can a company raise its brand awareness?

By using social networking platforms, such as Weibo, Wechat, QQ; by using traditional advertising, such as newspapers, magazines, radios, TVs; by using sponsorship, events such as charity days, sports games, etc.

（也可回答其他方式，如网络、户外广告、产品植入等，学生答出三条即可。）

（3）Why do companies need to build brand loyalty?

Companies with loyal customers will:

① have a competitive advantage.

② enjoy higher profit margins.

③ stretch their brands or launch new products with less expenditure.

（4）What is the difference between brand identity and brand image?

Brand identity refers to the visible elements of a brand (such as colors, design, logotype, name, symbol) that together identify and distinguish the brand in the consumers' mind.

Brand image is the overall impression in consumers' mind that is formed from all sources.

The difference is that brand identity is what companies want consumers to have about a brand in their minds, while brand image is what consumers have about a brand in their minds.

（5）What are advantages and disadvantages of outsourcing?

① Advantages of outsourcing

Cost saving. Many businesses embrace outsourcing as a way to realize cost savings or better cost control over the outsourced function.

Workload reducing. Companies also outsource in order to reduce the workload on their employees (freeing them to take on additional moneymaking projects for the business), or to provide more development opportunities for their employees by freeing them from tedious tasks.

Focus. Some companies outsource in order to eliminate distractions and force themselves to concentrate on their core competencies.

（其他优点还有提高士气、增加财政灵活性等。）

② Disadvantages of outsourcing

Some of the major potential disadvantages to outsourcing include poor quality control, decreased company loyalty, a lengthy bid process, and a loss of strategic alignment.

Suppliers too often don't understand what they are supposed to do, charge too much, and provide poor service. Moreover, when disruptions occur in the supply chain, the costs to both parties can be high.

2. 第二部分：检索填空

（1）Trade name franchising involves a such as "TVH" or "WA". (brand name)

（2）One first-mover advantage is the ability to preempt rivals and capture demand by establishing a strong ___. (brand name)

（3）Both appreciate a___that is catchy，memorable, distinct, and says something indicative of the product. (brand name)

（4）Those with higher brand equity have greater___and loyalty on the part of consumers and larger market shares than competing brands (and are perceived to have greater quality). (brand awareness)

（5）In the early days of the web，advertisers tried to build____ through banner ads on other website. (brand awareness)

（6）Product placement in online videos has been around for a while and is a good way of raising___. (brand awareness)

（7）An alternative marketing view is "brand inertia"（品牌惰性）far more than "___" is the reason why so many customers have stayed with so than many companies for so long. (brand loyalty)

（8）When your customers have the opportunity and good reason to choose another brand and yet they continue to choose yours___that's___. (brand loyalty)

（9）True___ occurs when consumers are willing to pay higher prices for a certain brand and go out of their way for the brand，or think highly of it. (brand loyalty)

（10）The key elements of the "D___" are the distinctive name and logo, the colour scheme and the brand's positioning as the most enduring alkaline batteries on the market. (brand identity)

（11）The idea behind___is that the consumer is not purchasing just the product/service but also the image associated with that product/service. (brand image)

（12）Other companies, from computer makers to banks, are___customer service functions, such as customer call centers, to developing nations where labor is cheaper. (outsourcing)

（13）In addition to saving cash, ___enables entrepreneurs to focus on the most important aspects of running their businesses. (outsourcing)

（14）___directed at consumers involves such activities as couponing, sampling, premiums, consumer education and demonstration activities, cents-off packages, point-of-purchase materials, and direct mail. (sales promotion)

（15）___are short-term promotional activities designed to stimulate either consumer buying or cooperation from distributors, sales agents, or other members of the trade. (sales promotion)

（三）课程教学方向

从某种意义上来讲，语料库搜索就像是查词典，我们总要带着一个问题到语料库中去探索。因此，在实际的教学过程中，教师要为讲解的重点内容设置问题，如找到一个词或词组的用法，或者在语料库中搜索某个用法的更多例证，或者让学生借助更多的真实语料进行学习效果的巩固。因此，利用语料库开展的教学活动，既是基于语料库的，也是由语料库驱动的。

1. 语法

语法教学不能局限于语法这一范畴，它必须与逻辑思维联系起来，与人的说话意识联系起来，与篇章语境联系起来，与题材、体裁联系起来，与词汇的用法联系起来，还要与文化联系起来。语法能力与听、说、读、写、译等能力具有一致性，学习语法的方式和目的都应该以理解和应用为主，不应该把语法看作是信息的堆积，而应该注重其在实际应用中体现出来的特征，这样才能够让语法学习发挥出应有的作用。语法教学过程中应奉行的三维语法教学理念是（1）语义，即传达的含义是什么；（2）句法，即句子是如何形成的；（3）语用，即何时使用。

这一理念突出语法使用的情境，要求学生将需要查询的语法特征结构放在语料库中进行搜索，找到使用该结构的语境及其常见的搭配，分析其在不同语境下的使用意义，有利于学生总结出其句法、语义和语用的特征。语法教学的具体实践过程见下面两个示例。

①被动语态的使用

学生对于被动语态的含义了解得较为透彻，也知道它的构成结构，但是学生在输出过程中却很少使用被动语态，原因就归结于学生在以往学习语法的过程中，只注重读的能力即输入，却忽视了输出的条件，也就是较少注意到应使用被动语态的情境。什么时候使用被动语态才能够得体恰当地进行表达，是学生需要进一步学习的。因此，在课堂上教师会要求学生在 HUBEC 中找出适用于被动语态的语言环境并进行分析。在语料库搜索栏键入"@be/S + d"，匹配 be 动词所有屈折形式后带有空格及所有以 d 结尾的词。学生需要在检索结果中筛选句子，归纳出其中的被动语态用法，然后加以分析。学生可以从检索界面看到检索结果。为了充分利用检索结果，学生可以点击检索页左下角的"Stats."来查看检索结果在语料库中呈现的列表，可以直观地看到在商务题材类文章中体现什么含义的词会频繁以被动语态形式出现。在 HUBEC 中，be used 使用频率最高，共出现 281 次；其次是 is called，出现了 161 次；还有 be made、is based、is used、are used、be seen，出现的频率在 100 次左右。学生可以继续点击该列表中的其他检索项，进一步查看其所在篇章中该语法的使用情况。在理解被动语态适用的真实语境后，学生的写作输出能力明显提高。

②过去完成进行时

学生常用的时态以一般现在时、一般过去时和现在完成时为主，很少会使用过去完成进行时这种复杂的时态，但在语料库中键入"@have @be /S + ing"进行检索后，发现其在商务英语写作中时常出现。因此，如何恰当地将过去完成进行时应用在写作中，是学习商务英语的重点之一。分析检索结果后不难发现，在过去完成进行时出现的句子中，时间状语也会随之出现，如 for decades、annually、since 1980、for years、in recent years 等。在"Filter"检索栏键入"had"，观察过去完成进行时的使用特点，发现过去完成进行时需要在过去的时间点所在的背景下才能使用，也就是在过去某一时间点之前发生，且直到这个时间点的一段时间内持续发生的动作需使用过去完成进行时，如检索结果："Although the U.S. trade deficits had been hitting records for decades, this deficit was the largest ever when measured as a percentage of the country's GDP (7 percent of GDP in 2005)."

此外，由于 CLAWS 赋码集对动词的人称、单复数、过去式、过去分词等都有准确的赋码，可以借助这些赋码信息和正则表达式对大多数动词语法形式进行分析，即可以通过赋码语料来研究词类或语法类别的共现关系：一是有关赋码串和语法搭配的总体分析；二是针对某一词类的总体研究，通常以对动词的考查为主；三是一些专题研究，如梁茂成关于情态序列的研究等。研究类联结有助于从更抽象的语法层面探究语言结构的组合关系，超出了一般的词汇搭配的研究范畴。

2. 术语

搜索商务英语中出现的术语，通过观察其搭配及相关语境，学生可以更好地理解该术语的概念。以术语"endorsement"为例。在检索栏中键入"@endorsement"进行搜索后，在检索结果中出现频率最高的是 product endorsement，其他搭配有 sporting-superstar endorsement、high-profile endorsement、celebrity athlete endorsement、strong endorsement，从这些搭配中可以看出 endorsement 与产品和名人有关。

再观察内容比较有提示性的例句："... as is a brand-led marketing, which successfully used sporting-superstar endorsement to establish the brand as an icon of youth subculture."分析后发现，endorsement 属于 marketing 的范畴，目的在于建立品牌形象；观察另一个例句"A child wearing a 'K' T-shirt had to be edited out of the commercial before it could be used in France, because French law forbids the use of children in product endorsements."可以发现，在 product endorsement 中使用儿童形象的做法在法国是被禁止的。

经过上述分析之后，该术语表示"代言"的含义就显而易见了，而这些分析的过程能有效提高学生的分析理解能力，也能让学生对该术语的适用范围有更加准确的把握。

3. 词汇

在语料库中利用通配符"*"进行查找后，借助检索结果发现并掌握构词规律，是语言内化的重要环节，有助于学生培养语言生成能力。检索及分析过程见下面两个示例。

第一，检索"*ish"后可以发现，在 HUBEC 里面所有以"ish"为结尾的单词中，占比最大的是动词词性的词，如 abolish、accomplish、distinguish、establish、furnish、nourish、publish、punish、reestablish、replenish 等；其次是形容词词性的词，如 British、English、foolish、Irish、Jewish、lavish、outlandish、selfish、Swedish、Turkish 等。据此，学生可以总结出以"ish"为结尾的词所具备的特征，以便准确

掌握和记忆相关单词。与通配符有着相似功能的还有之前提到的"/S+"，它也可以放在词缀前后，帮助检索带有该词缀的单词。

第二，搜索单词"practice"，分析其检索结果后发现，在商务英语中，practice 多用作名词，对其检索结果进行排序（sort），可找到其常用搭配 in practice，这一搭配在 practice 的使用中占 42 %。在 Collocation & Colligation 中设置"Coll.Span"与"length"为 2 时，会看到满足检索条件的与 practice 搭配的常用词组，如 put into、standard business、of best、an HRM 等。这些检索结果可以帮助学生记忆 practice 的用法并加深印象。检索"@practice"并在检索结束后点击"State."，会看到 practice 在语料库中出现的四种词形，包括 practices、practice、practicing 及 practiced，占检索结果 50 % 以上的为 practices，点击该词形后"Freq."数字，观察其使用环境，会发现"practices"多用作名词复数形式，如 business practices、traditional practices 等。

4. 搭配

搭配指的是词的组合或经常共现的词伙。搭配能力是语言学习者最基本、最核心的能力，直接决定着表达的流利和准确程度。学生可以通过检索关键词来发现搭配的相关规律。例如，在 HUBEC 中检索"@become*of"后发现：使用频率最高的是 become part of，其后通常搭配带有定冠词 the 的抽象名词；其次是 become one of，其后常与带有定冠词 the 的可数名词复数形式连用；然后是 become aware of，其后大部分情况下加复数名词；另外还有具备商务题材特征的词组 become members of，其后常加组织的名称。

5. 辨析

大部分学生在学习英语的过程中会采用中英互译的方法进行记忆，因此难以正确区分中文含义相同的英文单词与表达。例如，很多学生在使用"cause"与"lead to"时，将其都翻译为"导致"，使用时不注意区分，但在实际的语言应用中，cause 与 lead to 的使用往往会有明确的语境划分。这就需要学生根据语料库检索结果，观察并总结其使用规律，以便更准确地加以使用。在语料库中检索"cause"，并将其右侧的内容排序，可以发现：在 cause 后面出现的词主要为 failure、problems、changes 等；而 lead to 后面所加的内容非常广泛，包括 increase、outcome、conflict、differences、problems 等。由此可以看出，在单词与表达的使用过程中，学生可以借助语料库检索，提高语言运用的准确性。另一个例子是"advertising"与"advertisement"，这两个词虽然都可以用作名词，译成

"广告"，但是两个词在实际使用中有着明显的差异。在语料库中搜索这两个词，分析检索结果后可以发现：advertising 多放在 campaign、agency、media 前起修饰作用；而 advertisement 不能用来修饰其他名词，且多以复数形式出现，在语料库中，advertisement 的单数形式只占其所有检索结果的 17%。

6. 思维拓展

总结上述示例后不难发现，任何任务的设置都需要教师的主动思考。在学生进行语料库检索时，教师要不断变换教学方法，以引导学生找到更多的有用内容，提高相关语言的运用能力，增强自主学习能力，能够在发现问题的同时找到解决问题的办法。

例如，在检索 advertising 与 advertisement 时，发现 advertisement 的检索结果只有 11 条，这种情况不利于分析该词的使用环境。此时，学生应积极思考：是不是在检索该词的用法时忽视了该词的使用特点？想到这一点后，学生会尝试检索"@ advertisement"，观察结果后发现该词在大部分情况下是以复数形式出现的。类似的语料库检索过程可以促使学生积极主动地进行思考。

除此之外，语料库检索可以帮助学生推测出多义词的不同词义，了解与认知某一个单词的使用语境和语用功能，并对其含义进行分析与判断。这个过程能提升学生的想象力和判断力，加强学生的逻辑思维能力和创新思维能力，促进学生全面发展。

例如，"case"是商务领域中的常用词，在不同的语境中出现时，意义也有所不同。在语料库中检索后发现，case 所在的语境对其词义有一定影响，如"In this way, you can see very quickly what it will cost to close a whole unit and if it will disproportionately affect a group of employees such as women or ethnic minorities, which could lead to legal cases." "Thus, service distribution does not typically involve moving items through a chain of firms that begins with a manufacturer and ends with a consumer, as is the case for goods distribution." "This is to confirm your phone order made March 14 for 10, 50-count cases of mini-flying disks in fluorescent colors (green, yellow and pink) to be delivered no later than May 1, 20XX."

分析以上三个句子后，学生会发现 case 所在的语境各不相同：第一个例句中与 legal 搭配，可知此处的 cases 与法律有关，表示上述情况将导致法律案件的产生；第二句话中"as"提示学生，前面叙述的情况是一个物资调配的 case，即"例子"；第三句话中用数词修饰 case，并在其后加"of"和产品名称，可知此时 case 表示一个计量单位。经过上述对检索结果的分析，学生的逻辑思维能力能够得到提高，对这个多义词的使用方法也会掌握得更加准确。

7. 批判式思维

学生使用语料库方法进行学习时，教师应引导学生摒弃以往对于语言学习的观念，即所有的语言学习内容都是固定化的，语言的使用具有唯一性，只有对错之分。与之形成对比的是，语料库方法是策略性的，它展示的是语言使用的概率，检索出来的使用频数结果可以增强学生语言使用的规范性，避免出现偏颇性和武断性。利用语料库辅助学习时，学生接触和使用的是大量的真实语料，这能促使学生在学习语言的过程中，进行积极的思考总结与归纳，让学生真正成为语言学习的研究者。

（四）学生对商务英语语料库的运用效果

Nvivo 质性分析软件在语料库教学的成果分析中起到重要作用，借助这一软件，教师可以快速检索和管理信息资料，提高对于定性分析的方向、步骤及内容的思考效果，使教学过程得以不断优化。在接受了多个学期的语料库辅助的课堂学习训练之后，学生在术语辨析能力、写作能力及思维能力上的进步较为明显。下文将举例说明学生运用语料库检索后，提高术语辨析能力、写作能力及思维能力的具体过程。

1. 术语辨析能力的变化分析

在学习教材第 4 册第 2 单元中的"Reading"部分时，教师发现学生在语料库中都对"franchise"进行了检索（学生在选择检索对象时参照了一定的原则，在有声思维的记录中可以找到学生判断是否需要利用语料库检索来辅助学习的依据，这份记录也能帮助学生自学、自省），并从中找到了与 franchise 经常同时出现的术语"license"。观察 Nvivo 词汇云中的单词可以发现，学生都对该词在句中的含义有了进一步了解，如 franchise 和 license 是出现在"market"中的两种经营形式，都与"business"有关。Reading 部分中还有其他相关联的单词出现，如 merge、upmarket、novelty、trade、cash 等，这些也是学生的查询重点。

对于 franchise 的定义，学生可以借助在语料库中检索到的释义，使用以下几种方法来帮助理解。

（1）通过行为动词对概念产生的影响来帮助理解

① A franchise must also offer high degree of standardization, which does not require 100 percent uniformity, but rather, international recognizability.

② Watch for clauses that give the franchiser absolute control and discretion. The franchise contract summarizes the details that will govern the franchiser-franchisee relationship over its life.

③ One person may conclude that the franchise offers nothing that he or she could not do independently, and another may decide that a franchise is the key to success as a business owner.

（2）通过语料中出现的同义词帮助辨析和理解概念

① If a franchise constantly fails to meet the minimum standards established for the business, the franchiser may terminate its license.

② "CD", a company that designs and installs closet and garage organizers, entertainment centers, and home office systems, charges a franchise. Fee ranging from $ 24 500 to $ 39 900, which includes both a license for an exclusive territory and management training and support.

③ Besides, he said that there was another couple in this county that is already looking at this franchise, and that the company will license only one franchisee in this area.

④ The acquisition cost of a franchise or license is amortized over its useful life.

（3）通过语料中的举例帮助理解概念

① For example, sometimes when a franchise is in danger of failing, the franchiser often repurchases or relocates the outlet and does not report it as a failure.

2. 写作能力的变化分析

培养大学生的英语写作能力是大学英语教学的重要任务之一，由于写作体裁多样，题材复杂，教师应着重培养学生的读写结合思维能力和整体写作思维能力。教师可以在写作教学中设置评价环节来评价学生的阶段性变化，具体可以包括自评、互评和教师评价等。在写作过程中设置的评价标准主要有语篇衔接与连贯、体裁语言特征、内容、词汇、语法。在这些写作技能中，学生的语篇衔接能力最为薄弱，这通常是因为学生对于逻辑结构的把握能力不够，缺乏文体意识及读者意识，无法恰当地运用衔接手段。所以，在实施语料库教学的过程中，教师可以借助语料库检索结果，引导学生找到正式文体中用来实现写作衔接的方式，并分析这些篇章所具备的特点。

教材每个单元的开始部分都设置了与该单元话题相关的讨论任务，研读这一部分中的问题可以引起学生思考。但是学生往往缺乏实践经验，获取的相关信息有限，因而对于该问题回答的广度和深度不够。此时，借助 HUBEC 检索，学生可以在短时间内获取大量的相关信息，激发自身的深入思考，从而拓展了进行话题讨论时输出内容的广度和深度。

以教材第 4 册第 8 单元 "Team building" 的 "Starting up" 中的问题 A 为例。题目的要求是 "Think of at least two advantages and disadvantages of working in teams"，这样的问题看似简单，但是如果作为写作任务让学生展开讨论的话，还是有一定难度的。"Team building" 这个话题在大学英语四级考试中的阅读部分也曾经出现过，因此，对于这种类型的话题，教师有必要引导学生展开积极思考，以提高学生的高端思维能力。学生要想对 "working in teams" 进行论述，需要有充分的论据。为了凸显语料库的应用对学生写作能力的提高效果，教师应将任务设置成几个不同的阶段去进行。在第一阶段，要求学生在不利用任何资源的情况下进行头脑风暴，再根据话题内容完成写作任务。在第二阶段，引导学生进行语料库检索，检索前要求学生思考在上一个阶段中，完成写作任务时遇到的无法解决的问题、需要在语料库中检索的内容，以及在检索结果中筛选出能够补充自己的论据内容的方法。第三阶段，要求学生将两个阶段的写作成果都提交上来，并标出在语料库检索结果中挑选出来的作为补充的句子。分析两个实验班共计五十名学生的有效样本，可以发现，在学生使用语料库检索后，写作任务的完成情况发生了明显的变化，特别是在篇章组织、逻辑关系、句式及术语等方面都有显著进步，详见下文的案例说明，其中加下划线的句子为学生使用语料库检索后对第一阶段的写作成果的补充部分。

（1）篇章组织对比

First, working in a team provides a chance for us to communicate with each other. Just as the saying goes, "Many hands make light work." Working in a team, teammates share their ideas with each other, which is helpful to create a better achievement.

这个案例中，学生利用语料库资源 "just as the saying goes" 连接前后句子，对其想要论述的观点进行了补充说明，从而使说服力大大增强。语料库中的句子使用了较为复杂的语法结构，现在分词做状语与定语从句的使用，让整段组织得更加紧密，逻辑性更强。

（2）逻辑关系对比

People may find great pleasure in working in a team, for example. Conversely, bad relations with colleagues can be extremely unpleasant, and lead to great dissatisfaction and distress. Also task allocation is a difficult assignment for many teams in which members are unfamiliar with each other.

学生在语料库中检索后发现，副词"conversely"在观点表达中可以起转折作用，且副词的使用也能体现句子之间的逻辑关系。第三句将 also 放在句首，补充说明了团队内成员的熟悉程度会影响团队的任务分配。

（3）句式与术语对比

Working in teams first enables students to adapt to each other in the small collective. By adapting to this small collective, the students gradually transition to adapt to the large collective, thus cultivating students social adaptability.

学生使用语料库检索后找到了"collective"这个专业概念，应用到此处能加强文章的专业性；将"transition"这个名词用作动词，也是非常专业的用法。

分析以上案例后可以发现，学生运用语料库检索并将检索结果灵活地应用在写作任务中，能让文章更加有说服力和逻辑性，体现了商务英语的专业性，有利于培养严谨的思维方式。同时也说明，语料库中的内容可以成为学生写作的资源和素材，能帮助强化学生的思维能力。

这项写作练习任务存在于教材的每个单元中。该任务的设置，能让学生在写作过程中根据实际需要和语料库检索结果，不断修改与完善自己的文章，使自身的英文写作能力取得真正意义上的进步。与此同时，语料库检索结果也能引发学生的思考，帮助学生培养多角度思考问题的习惯，学生检索、整理与研究资料的能力也会得到加强。

3. 思维能力的变化分析

在高等教育中，培养学生的语言运用能力是重要的教学目标之一，而学生具有良好的思辨能力、量化思维能力和数字化信息素养，是实现这一目标的前提和基础。因此，在学习过程中，根据每个单元的具体内容，教师应有针对性地引导学生对话题展开讨论，激发学生积极思考。在讨论某个话题时，学生需要转变思维方式及人物身份，因为每个单元都涉及公司（"施众"）和消费者（"受众"）这两大群体。另外，在思考时还要注意到道德伦理、社会影响、文化特征等方面的内容。

以《体验商务英语综合教程》第 3 册第 6 单元"Advertising"中"Discussion"的问题为例。教师对该部分题目进行改编，要求学生分析"A good advertisement and a bad advertisement"。在未运用语料库检索之前，大部分学生只思考了"Describe your favorite advertisement and explain why."等问题，因此在回答时仅仅局限于描述广告画面。由此可见，在展开进一步的讨论之前，教师应引导学生利用语料库检索来获取更具专业性的信息，以激发学生对于该话题的深层次思考。在使用语料库检索之后，学生在描述"A good advertisement and a bad advertisement"时，专业性明显增强，思维方式也有了较好的转变。

（1）案例一

In our daily life, we often see overwhelming majority of advertisements, but they have many differences. From my perspective, doing a good advertisement should do some research beforehand and try to satisfy customers' needs. Apart from that, there should be some interesting and eye-catching design. In contrast, a bad advertisement will be offensive and leave a bad impression on consumers. Moreover, using celebrities in the advertisements may distract people but not the products and lead to a higher price.

在这个案例中可以找到的关键单词和表达有 research、eye-catching、offensive、using celebrities、lead to a higher price 等。可以发现，学生借助这些在语料库中检索后得到的内容，对该话题做出了深层次的分析，使用了较为专业的表达方式，体现了逻辑思维能力和分析理解能力的进步。

（2）案例二

I think whether it is a good advertisement depends on its advertising concept. As we all know, a good advertisement is always creative and eye-catching but never expatiatory or boring. In contrast, those which use subliminal advertisements to attract customers sometimes are harmful. Meanwhile, they try various media to expand their market share and will definitely cause over-consuming of energy. All in all, a good advertisement should not use the factors like nudity or violence, or cause any negative effects.

与上一案例不同，此案例中，学生借助语料库检索，找到并用到的关键单词和表达有 advertising concept、creative、eye-catching、expatiatory、subliminal advertisements、media、nudity、violence 等。可见，学生合理利用语料库中的信息后，能让自己对该话题的看法更加明确，论述的专业性更强。

综上所述，学生在运用语料库检索后，可以收获有助于完善自身能力与思维方式的内容。在对检索到的内容进行扫读的过程中，学生能够快速抓住关键信息点，并对这些内容进行深入思考，最终形成自己的独特观点。在概念分析与深度思考的过程中，学生的批判性思维方式逐渐形成，独立思考与分析的能力有所提高。

第三节　商务英语教学评价

2015 年，教育部出台了《高等学校商务英语专业本科教学质量国家标准》，其中指出英语应用能力、商务实践能力、跨文化交流能力、思辨与创新能力及自主学习能力，是商务英语人才必须具备的能力素养。因此，在新的时代背景下，商务英语教学评价也要做出相应的改革。

一、基于 OBE 理念开展教学评价

成果导向教育（outcome based education，OBE）教育理念，又称为能力导向教育、目标导向教育或需求导向教育。OBE 教育理念是一种以成果为目标导向，以学生为本，采用逆向思维的方式进行的课程体系的建设理念，即"内外需求→培养目标→毕业要求→课程体系→教学活动"的设计思路，重视培养符合社会需求的高质量人才，是一种先进的教育理念。

在 OBE 理念的框架下，构建商务英语实践教学评价体系，要以商务英语专业教学标准的预期学习成果为目标，以课程教学为周期，结合学生全面发展的需求，对课程预期学习成果的目标达成进行诊断性评价，其中包括对整改实践课程培养目标的实效、教师教学策略使用是否得当、教学资源条件是否充分、行业企业用人的满意度的评价，达到不断提升课程质量的目的。

基于 OBE 理念的教学评价聚焦在学习成果上，而不是在教学内容及学习时间、学习方式上。基于 OBE 理念构建的实践课程评价体系，根据预期取得的教学成果对课程进行评价，以预期成果为导向，确定课程评价主体、课程评价标准与评价方法等关键因素，评价流程由专业教学标准确定专业实践课程预期取得的具体学习成果，学习成果决定课程的能力指标、课程体系设置、课程实施需要使用的教学策略，逐步完成各项能力指标，取得学习成果。最后从多元化教学评估手段、专业教学标准评估、就业质量评估等三个方面对课程体系进行诊改，以期达到教学质量持续提升的效果。

在 OBE 理念中，学生在整个学习产出模式中的核心地位，学生的学习产出成果是评价商务英语专业实践课程质量的关键。因此，在实践课程评价中，应深刻认识学生作为评价主体的重要性。教师既是专业实践课程的开发者又是实施者，

是课程实践的主体，同时也是实践课程评价的主体。在专业实践活动实施过程中，教师应该深入行业、企业顶岗或跟岗学习，掌握行业最新动态，制定与专业实践课程基本特征相适应的评价方法和程序，从多重视角分析问题并进行反思，对实践课程实施的科学性和合理性进行评价，在评价中不断提升实践教学质量，达到预期目的。企业是职业教育的用户，学生的专业实践能力和专业实践态度最终将在企业实际工作中得以展现，并对企业发展和绩效产生决定性影响。学校的双高计划，以及发展目标定位是学校所有课程制定的参照标准，因此学校必须是商务英语专业实践课程多元评价主体的核心。

　　基于 OBE 理念的评价方法采用多元和梯次评价方法，实施的原则是学生广泛参与、老师实时跟踪、师生充分交流、学生自主思考。评价强调学习成果的内涵和个人的学习进步，不强调学生之间的比较，通过对培养方案、教学目标、教育过程与活动进行诊断，找出其中存在的问题，反馈给正在进行的教育活动并加以修正，以提高教育活动质量，促进教育目标的达成，在教学过程中对各种信息进行及时有效的反馈与处理，对教学过程进行全方位的评价和反思，同时培养学生的综合素质。在实际操作过程中，多采用观察记录、问卷调查、档案袋等方式。档案袋中材料的收集和选择是有目的而非随意的，与一定教学目标相适应，是有意义、有目的地收集的学生迈向预期课程目标的资料及与成长和发展直接相关的材料。

　　档案袋是基于 OBE 理念教学评价的一种主要形式，涵盖显示有关学生学习成就或持续进步信息的系列表现、作品、评价结果及其他相关记录、资料。档案袋主要内容应由师生共同商讨确定，关键在于这些资料应有助于形成对学生能力、行为素质、情感和态度的全面评价，学生档案袋主要用于记录学生课程学习的全过程，主要包括学生的课堂表现、实践环节的具体表现及实习单位的反馈信息、学生在课程学习过程中的发展轨迹、学生的各类作业展示等。

　　在具体的评价内容方面主要从知识模块、能力模块和素养模块进行评价。知识模块评价标准基于 OBE 的评价标准构建，描述学习者掌握商务语言技能应具备什么能力，而不是表述掌握或理解了什么商务语言知识。能力模块在商务英语运用能力指标中，将语言技能二级指标分别从理解、情景、运用等元素进行描述，如能够结合文化因素进行商标、商号的翻译，能够运用所学翻译技巧熟练地翻译各类致辞。素养模块的产出更多具备隐性特点，其评价标准可按细化指标更多采用质性评价描述，如"工匠精神、家国情怀"等理念的培养。

二、构建"一体三层四翼"学生学业评价体系

《国家中长期教育改革和发展规划纲要（2010—2020年）》明确提出：教学改革要根据培养目标和人才理念，建立科学、多样的评价标准，探索促进学生发展的多种评价方式。要树立科学人才观，建立以岗位职责为基础，以品德、能力和业绩为导向的科学化、社会化人才发现机制。强化人才选拔使用中对实践能力的考察。因此，需要根据人才培养目标和理念，以能力为导向，从根本上改革学生学业评价理念与操作模式。

"一体三层四翼"学生学业评价体系的建构，从知识、能力和素质三个层面对学生学业进行评价。在实施评价过程中，注重评价目标的多维化、评价主体的多元化、评价方法的多样化和评价手段的信息化。

（一）一体：学业评价体系

学业评价体系是从人才培养目标和教学目标出发，对学生个体发展是否达到预定目标的衡量和评价过程，是成果导向教育的关键环节和重要手段。从商务英语人才的培养目标出发，建构学业评价体系，能够更好地检测商务英语人才培养目标的达成度。

（二）三层：素质、知识和能力三层评价内容

通过明确三层评价内容，解答了"评什么"的问题。《商英国标》首次清晰地定义了商务英语专业本科人才的五种素质、五类知识和五种能力。五种素质包括思想素质、专业素质、职业素质、文化素质和身心素质；五类知识包括语言知识、商务知识、跨文化知识、人文社科知识和跨学科知识；五种能力包括英语应用能力、跨文化交际能力、商务实践能力、思辨与创新能力和自主学习能力。

《普通高等学校本科商务英语专业教学指南》（以下简称《指南》）也从素质要求、知识要求和能力要求方面对商务英语专业毕业生的水平进行了描述，并指出要通过评价证实毕业要求的达成。由此可见，素质、知识和能力三者有机互融，不可分割，对这三者的评价也需要紧密结合，彼此互融。

商务英语课程体系可以根据课程内容划分为英语语言知识与技能课程群、商务英语语言知识与技能课程群和商务专业知识课程群。在英语语言知识与技能课程群中，突出考核学生的学科基本素养，在检测学生英语语言、文学、翻译、英语国家社会文化、跨文化等理论和基础知识的同时，重点检测学生的英语运用能力和跨文化沟通能力；在商务英语语言知识与技能课程群中，突出考核学生的职

业精神、中国情怀和国际视野，在检测学生的英语语言和商务基本理论和知识的同时，重点检测学生运用语言进行商务活动的能力；在商务专业知识课程群中，突出考核学生的职业精神、商业伦理意识、社会责任感、合作与创新精神等商业素养，在检测学生商务理论和知识的同时，重点检测学生商务实践能力。此外，素质考核应以课堂为切入点，课前课后延伸，全面深入地考核学生学习成果中的素质元素。

（三）四翼：目标多维化、主体多元化、方法多样化和手段信息化

1. 评价目标多维化

以培养复合型、应用型商务英语专业人才为出发点，从认知与能力、情感与态度、过程与方法三个维度开展评价。特别注重对学生情感、态度和价值观的考核。

2. 评价主体多元化

在结合教师主评、学生自评、生生互评、机器自动评阅技术的基础上，引入企业第三方评价，保证评价的客观公正，确保学生的主体地位。特别强调企业第三方评价在整个评价体系中的作用。党的十九大报告提出了"深化产教融合、校企合作"的重大论断，给高校发展赋予了新的使命，高校工作新的重心是发挥其作为人才第一资源的作用。来自企业的第三方人士参与学生学业评价，可以及时诊断和调整培养学生过程中遇到的教学问题，更好地发挥校企协同育人的作用。

3. 评价方法多样化

在评价过程中，正式评价和非正式评价相结合。正式评价是指教师通过相对规范的评价流程和测验（纸笔测验为主）工具，或者通过举办一些正式活动（如演讲比赛、商务术语大赛、商务谈判大赛等），有针对性地了解学生，并对学生进行评价的方式。非正式评价是一种过程性评价，教师通过观察学生，与学生进行不断的交流，了解学生有关情况并加以反馈，形成动态的"教学——评价体系"。

正式评价一般是在教学的某个特定环节进行，检测学生对基础知识的掌握；而非正式评价融于教学过程中，与教学活动同时并进。教师可以随时掌握学生的最近情况，并以此为依据，有针对性地调整教学策略，同时把观察评价的结果反馈给学生，让学生知道自己的进步情况并及时调整。这种评价范围没有限制，在时间上与教学同时并进、动态发展，可以很好地体现"以评促教"。

4.评价手段信息化

充分利用信息化工具，及时、精准地反馈学生学习成果，并且利用网络平台实时便捷的交互性，引导多元主体共同参与评价过程，在评价的收集过程中，对不同评价主体在学生学习全过程的评价进行整合，以评价电子档案袋的形式，完善学生的学业评价。

在"互联网+"教育背景下，可供使用的信息化评价工具众多，教师可以充分利用在线测试平台、在线互动平台和实时沟通平台，方便快捷地对学生学习进行互动式评价。同时，信息化评价手段可以更好地发挥多元评价主体的作用。学生可以适时、有效地参与学业评价系统，实现生生互评；教师通过进行在线测试，以计算机平台辅助评价，提高劳动效率。企业第三方人士可以借助实时沟通平台无缝对接课堂活动，对学生的课堂实践成果做出及时评价。此外，人工整理来自不同主体的、多种方式的评价是一项耗时耗力的工作，引入电子档案袋的形式对学生学业进行整理，可以保证评价材料的完整性，提高材料利用率。

参考文献

[1] 檀文茹，王关富，张海森.商务专业英语系列教材：国际贸易专业英语 [M].
5 版.北京：对外经济贸易大学出版社，2021.

[2] 肖文萍.国际商务谈判 [M]. 3 版.北京：北京对外经济贸易大学出版社，
2021.

[3] 杨节之.商务英语视听说 [M].上海：上海交通大学出版社，2019.

[4] 张萍.商务英语翻译中存在的问题及对策 [M].北京：中国商务出版社，2018.

[5] 施秀川.商务英语翻译与教学研究 [M].北京：北京工业大学出版社，2018.

[6] 王丹."金课"建设背景下民办高校商务英语课程建设初探 [J].中国多媒体与
网络教学学报 (上旬刊)，2020(2):38-39.

[7] 高细明.信息技术时代高职高专商务英语立体化教材建设研究 [J].现代商贸
工业，2020(15):176-177.

[8] 刘晶波."一带一路"背景下基于外资企业人才需求的商务英语人才培养模式
研究 [J].对外经贸，2020(3):145-147.

[9] 吴行爱.基于超星学习通的多模态教学模式探索 [J].山东农业工程学院学报，
2020(6):126-127.

[10] 梁慧仪.大数据时代商务英语阅读课程应用混合式教学模式的策略研究 [J].
海外英语，2020(11):36-37.

[11] 孙晓敏.应用型本科高校商务英语专业课程教学模式现状及改进策略 [J].西
部素质教育，2020(14):154-155.

[12] 聂晓，李立琴."课程思政"背景下高职商务英语"双融合"教学模式探讨 [J].
英语广场，2020(22):74-76.

[13] 余清萍.商务英语写作课程"做教学评一体化"教学模式构建与应用 [J].杨
凌职业技术学院学报，2020(3):93-96.

[14] 闫超亚.商务英语立体化实践教学模式建构研究 [J].河南科技学院学报，

2020(8):65-70.

[15] 吕炳君，胡从海."双万计划"背景下地方应用型高校专业建设路径探究——以沧州师范学院为例 [J]. 沧州师范学院学报，2020(3):1-3;20.

[16] 丁莉. 应用型本科异步 SPOC 混合式教学模式实践——以综合商务英语课程为例 [J]. 河南农业，2020(30):33-37.

[17] 黄琳. 打造"商务英语视听说"混合式"金课" [J]. 林区教学，2020(10):101-103.

[18] 徐默. 产出导向法模式下商务英语翻译人才文化素养培养策略研究 [J]. 考试与评价 (大学英语教研版)，2020(5):125-128.

[19] 范湘萍. 数字媒介语境下新时代大学英语"金课"的打造 [J]. 西部学刊，2020(22):86-88.

[20] 伍海星. 基于校企合作的技工院校"双师型"教师专业发展培养体系建设——以商务英语课程专业为例 [J]. 轻工科技，2021(1):188-190.

[21] 闫超亚. 商务英语立体化实践教学模式下对高校创新创业路径的探索研究 [J]. 湖北开放职业学院学报，2020(23):8-10.

[22] 王坤邦. 校本视域下大学外语金课建设路径 [J]. 海外英语，2021(5):106-107.

[23] 邱雅，刘沛泽，丁洁."双万计划"背景下高等院校本科课程"金课"建设的探索与思考 [J]. 黑龙江教育 (理论与实践)，2021(5):3-4.

[24] 江虹. 语料库在商务英语口译中的应用 [J]. 河北工程大学学报 (社会科学版)，2018(4):86-87;93.

[25] 黄玫. 商务英语口译特点及过程研究 [J]. 才智，2019(15):151-152.

[26] 陈定. 跨文化交际视角下的商务英语翻译研究 [J]. 智库时代，2019(37):289-290.

[27] 马廷奇."双万计划"与高等教育内涵式发展 [J]. 江苏高教，2019(9):15-20.

[28] 王立非，任杰. 商务英语"金课"标准的"六性"与"六度"[J]. 浙江外国语学院学报，2019(3):13-18.

[29] 梅明玉，朱晓洁. 基于沉浸式具身学习的商务英语教学研究 [J]. 现代教育技术，2019(11):80-86.

[30] 龚菊芳. 跨文化语境下商务英语的翻译策略分析 [J]. 新西部，2019(32):151-152.